地域と協働する学校

中学校の実践から読み解く
思春期の子どもと地域の大人のかかわり

時岡晴美・大久保智生
岡田　涼・平田俊治

|編著|

福村出版

はじめに

　いま全国で学校を支援する地域の活動が活発に展開されている。高齢者による登下校時の見守り活動、地域住民による学校の授業や行事などの支援、学校による地域の活動への参画など、学校と地域が協力して活動するケースは増加し多様になってきた。当初は保護者が担当していた活動を地域住民が支援するようになり、地域住民が継続して学校で活動することで子どもたちとの貴重な出会いの場ともなっている。

　この背景として、近年の少子化により地域ぐるみの子育て支援が求められていること、国家戦略として多方面での多角的な施策が打ち出されたことなどがあげられる。支援の対象としても、幼少期だけでなく学齢期の児童・生徒への対応も増加し、いまや多様化して地域や民間の特性を生かした個別の事業も増加傾向にある。

　こうしたなかで、学校と地域の連携・協働が注目されている。2006 年には教育基本法に学校・家庭・地域の連携協力が盛り込まれ、学校を「支援」する地域ボランティアを組織する事業、地域と学校の双方向の連携・協働による事業と展開し、2018 年には全国すべての小中学校区で地域学校協働活動推進を目指すことになった。これらを契機に、全国の小中学校区で地域と学校の協働活動が活発化し、2020 年には全国の小学校の 62.0％、中学校の 56.5％に、地域学校協働本部が設置されている。

　従来の学校ボランティアは小学校での支援活動が多く、地域住民が子どもを見守る、子育てを支援するという一方向の活動が中心であったが、地域と学校の双方向の連携・協働へと転換が図られてきた。地域の課題を学校が支援して解決策を打ち出すといった活動が期待されたのである。こうした活動の中身や成果は校種で大きく異なり、中学校の場合、学校行事、生徒と地域住民との関係、地域環境へのかかわり方、カリキュラム等の特徴を考慮すれば、中学校が

地域と協働する活動として多彩な展開が可能で、しかも大いなる可能性があると考えられる。中学生は、発達過程として不安定で大きな揺らぎの時期にあり、大人と子どもが交じり合いせめぎ合っている。その思春期のなかにあって、親や教師とは異なる見方や接し方をしてくれる存在は稀有で特別なものである。日常的に慣れた関係とは異なる人間関係を知ること、そうした関係づくりに学ぶことは多い。最近では、自然災害など被災した地域で活動する中学生の姿を頻繁に見かけるようになっており、地域のために、あるいは誰かのために活動したいという中学生も増加している。

　一方で、近年は安全の観点から学校という空間を閉鎖する傾向がみられる。特に中学校は地域と一定の距離を置く傾向にある。校区がより広範で、家族による送り迎えなどの日常的な往来が少ないこと、近隣からの苦情やクレームへの配慮などへの対応という考え方もあろう。しかし、学校にとって地域との関係は重要であり、地域に開くことで苦情やクレームが減少するケースも多い。

　ところで、地域住民にとって中学生は理解し難く、何をするかわからない怖い存在、近寄り難い存在ととらえられることがある。たとえば、高齢者が地域や家族のなかで交流の機会がなく、他世代とのコミュニケーションの仕方がわからないとか、中学生による問題行動や事件の報道に惑わされ、外見だけで判断して近寄らない場合もあるかもしれない。けれども、中学生の多くはまだ子どもを脱しているとはいえず、いったん人間関係が構築されれば「良い子」「かわいい子」と評されることになる。地域住民にとっても怖い存在が身近にいるのではなく、良い子が地域に◯人いると実感できれば安心感が高まるだろう。また、教師が生徒のために頑張っている姿に出会えば、協力しようと思う人も多いだろう。教師は転勤があるが、多くの地域住民はその地域に居住し続けるし、中学生にとって地域は「故郷」となるものである。

　義務教育最終段階の中学生にとって、多様な大人と協働する活動はまさに人間的成長を支援する重要な機会となり得るのではないか。学校と地域の協働は、調整役としての「大人」がいないと実現できない面があり、かかわる人々は活動によって成長を促される面がある。地域学校協働活動は、従来の学校教育や

家庭教育では行き届かなかった発達支援を、学校と地域の協働によって可能にする活動といえるのではないだろうか。

　学校が地域から孤立するのではなく、学校と地域が協働することで、生徒と地域住民、教師と地域住民との関係が構築あるいは再構築される。協働活動がそれぞれの関係性や組織の変化をもたらし、地域住民・保護者・教職員、各個人の成長を促すとともに、地域づくりの核ともなり得るのではないか。かつて学校が地域の核であり地域住民の拠り所であったように、現代における「地域の核」となることが、学校にとっても地域にとっても、いまこそ求められているのではないだろうか。

　さて、これまでに学校と地域の連携・協働の活動報告や事例紹介は散見されるが、その効果や普遍性、背景に関する学術的な分析が未だ充分とは言い難い。成功事例の背景にはどのような工夫や特徴があるのか、他の地域にも応用できるような普遍性のあるものか、いかなる要件が揃えば順調に展開できるのか、それらを検討することが、他の学校や地域において活動の成果をもたらすことにつながるだろう。特に地域格差が増幅し、地域の課題が多様化し、個々の家族や個人が抱える課題と背景も複雑化している現在、一般的な概論や普遍的な概説が適用できないケースが増加していると思われる。実践による成果の中身を精査し、その背景を多角的に明らかにして、活動の効果を確定して普遍性を高めることが求められる。特に中学校における地域との協働活動の意義と効果についての言及が待たれており、本書はその一助にと編纂したものである。

　本書では、まず序章で学校と地域の連携・協働活動の全体像を概観したあと、第1部で「学校と地域の連携・協働の軌跡」という実践の詳細が語られる。10年以上にわたりO県の三つの中学校で学校支援地域本部事業に取り組み、成果を上げてきた平田俊治氏が、それらの経緯や効果について具体的に語り、その成果を実証する。特に第2章から第4章では現場のエピソードを生き生きと描き、登場人物の心情が目前に現れるように読み取れ、エピソードの解釈には深く感じ入るところがある。それらを通して、事業の導入、発展、そして地域

との協働の結実へと展開していく構成となっており、学校ごとの相違、生徒個々の状況とその対応なども実感されよう。平田氏は、校長職再任用を退職後、大学院に入学され、現在、自身の実践の成果をまとめるべく研究にも勤しんでおられる。そこで、第5章では研究者としての姿が垣間見えるとともに、エビデンスとしてわかりやすく検証している。第1部は、実践の現場に関心ある方に留まらず、人を育てること、人間関係のあり方、何より子どもたちに心を寄せる方々にぜひとも読んでいただきたい。

　第2部では、これら成果の中身やその背景、効果の普遍性について精査するため、心理学、教育心理学、社会教育など13人の専門家がそれぞれのアプローチで事業の成果やその意義について、また、課題や今後の展開などについて解説する。この実践に注目された方々、学校と地域の連携・協働に関心を寄せる方々による執筆である。学校と地域、家庭教育と学校教育、社会教育と学校教育、問題行動、子どもの発達、生涯学習、地域再生、支援と協働などのキーワードで多次元的に語ることで、学校と地域の協働活動に新たな可能性を拓くものである。なお、個々の論考については、編者が体裁等を若干の調整はしたものの、最終的に各執筆者の考えと文体を尊重した。いずれもテーマ設定が斬新で、的確な課題認識をもとに、論考、分析、論証を鋭敏に展開している。こうした多角的な解説や新たな解釈を通して、学校と地域の連携・協働の意義や効果について重層的に示すことができたのではないかと自負している。

　結びに、編者の企画に賛同して意欲的な論考を寄せてくださった各位に感謝するとともに、出版に奔走いただいた福村出版の宮下基幸氏に深謝の意を表したい。

　2021年3月

編者を代表して
時岡晴美

目次

序章　支援される学校から、地域と協働する学校へ

時岡晴美 ● 香川大学教育学部

1. 学校と地域の協働に注目が集まる理由

　現在、学校と地域が協働する活動が全国で活発に展開される背景として、学校や地域が抱える課題があることは誰もが想像するだろう。現代社会は個人のライフスタイルが優先されるため、地域の活動やPTA活動などに参加しない、組織からも離れるといった現象がみられるようになった。ライフスタイルの多様化が進み、学校も地域も従来どおりでは対処できない事柄や個別対応を迫られる事象が増加して、学校も地域も自助の限界という印象さえ生じている。協働によって、学校も地域も双方が何らかの力を得ようと期待しているのではないだろうか。

　家族の個別化・個人化の進展によって子どもの孤立化の傾向は益々進展し、子ども中心の家族にあっては子どもの生活の個人化と私生活化が生じているといわれる（住田，2001）。これを補うために子どもを取り巻く環境として、家族や教師や友人とは異なる人間関係を地域に構築できれば、日常生活のなかに多様な居場所が生じるだろう。特にライフコースとして大人の前段階である中学生にとっては、多様な大人と接する機会があること、しかも日常的に身近にあることが重要である。予期的社会化の段階では、その後の人生で必要になる態度や技能を発達させるための援助を求めているとの指摘がある（チール，2006）。このため、中学生にとって多様な大人と接する機会があること、しかも日常的に身近にあることが重要であるといえる。

　わが国では従来、子どもの社会化にかかわってきた地域の活動は社会教育の一環で展開されてきたが、近年は活動の進展に伴って学校教育との連携が求められるようになった。また、学校教育においても地域社会との連携が重視され、地域の課題への取り組みが教育プログラムに組み込まれてきた。すなわち、地

域・学校の双方から連携が図られてきたのである。

2. 学校と地域の連携から協働への変遷

　政策の面から学校と地域の連携を整理すると、連携の明確化から推進さらに協働へという変遷がみえてくる（表1）。2006年の教育基本法改正で「学校と地域の連携協力」が明確化され、2015年には学校と地域の連携・協働の推進方策が示された。とはいえ、どの時点においても必要性が強調されているが、その目的や意義について解説はされていない。

　こうしたなかで、2008年「学校支援地域本部事業」が始まった。学校を支援するボランティアとして地域住民を派遣する組織を整備するもので、文部科学省は予算に50億4,000万円を計上して全国2,000か所に学校支援地域本部をモデル設置した。学校を支援する従来のボランティア活動を発展させて、推進する組織である地域本部を設置、コーディネーターを置くことにしたのである。学校支援の取り組みが社会総がかりの運動として展開されることを期待し、2011年からは補助事業として継続している。

　2009年「家庭・学校・地域の連携協力推進事業」が始まり、学校支援地域本部事業、放課後子ども教室推進事業、家庭教育支援基盤形成事業を柱として、2011年には各地域の実情に応じた各取り組みの有機的組み合わせが推奨され

表1　学校と地域の連携・協働に関する事項と変遷

1987年	「開かれた学校」が提唱される	臨時教育審議会第三次答申
1996年	「学社融合」が掲げられる	生涯学習審議会答申
2006年	「学校、家庭及び地域住民の相互の連携協力」の明確化	教育基本法改正
2008年	「学校支援地域本部事業」始まる	
2009年	「家庭・学校・地域の連携協力推進事業」始まる	
2015年	学校と地域の連携・協働の推進方策が示される	中央教育審議会答申
2017年	「地域学校協働本部」となる 各市町に地域学校協働活動推進員を置く	社会教育法改正
2018年	「全ての小中学校区において地域学校協働活動が推進される ことをめざす」と明記	第3期教育振興基本計画

ている。

　2017 年には社会教育法改正で「地域学校協働本部」となったが、「支援」
「連携」「協働」の解説が曖昧なままに、2018 年には「全ての小中学校区にお
いて地域学校協働活動が推進されることをめざす」と明記された。2019 年の
文科省資料では、従来の連携や学校支援地域活動も含めて「協働活動」と括ら
れ、目的や活動内容などはわかりにくくなっている。

　以上のような変遷からは、連携から協働への推奨、協働することとそのため
の組織づくりが重視されてきたと読み取れる。協働の目的や活動内容はそれぞ
れの学校や地域に任されているといえよう。

3.　地域学校協働活動の動向

　学校支援地域本部事業として開始した 2008 年度には、全国の公立学校に
2,176 本部が設置された。その後は増加の一途をたどり（図 1）、2020 年は公私
立学校合算で 10,878 本部、公立小学校の 62.0%、中学校の 56.5% に設置されて
いる。特にコミュニティ・スクールとの一体的推進が図られるようになった
2017 年からは急増しており、設置してから活動内容を検討する事例もみられ
る。従来の活動内容は、校内美化や植物栽培などの「環境整備」、登下校時に
通学路を見守る「登下校安全指導」、特定の部活動を支援する「部活動支援」、
放課後や土日等に学習などを支援する「学習支援」、生徒に教室で本を朗読す
る「読み聞かせ」、その他、学校行事の参加・補助などがあり、各学校や地域
の状況に応じて実施されている。

　中学校における活動は（文科省調査，2017）、環境整備（71.6%）、登下校安全
指導（46.3%）、部活動支援（39.4%）、学習支援（32.5%）の他、地域行事にかか
わる活動（52.3%）、授業補助（39.7%）、郷土学習（37.6%）などである。また、
事業から地域に波及した活動として、高齢者の活躍促進（43.4%）、地域活性
化・まちづくり（41.2%）、郷土芸能・伝統文化の伝承（38.6%）、防災（26.3%）、
家庭教育支援・子育て環境整備（22.8%）などがあがっている。活動紹介の事
例では、それぞれ地域の課題に対応した活動が展開されていることがわかる。

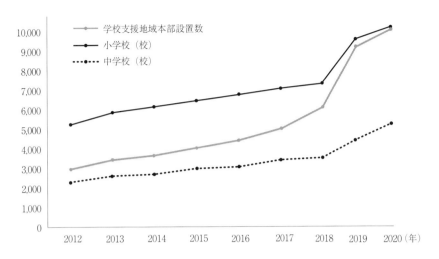

図1　学校支援地域本部の設置状況（文科省資料より作成）
　　　※ 2017 年度からは地域学校協働活動

　地域による特徴に注目しよう。中国四国地区 9 県を対象とする調査では（時岡・大久保・岡田，2015a)、事業の主体として「教員とコーディネーターの協力」とされるものの、実際の活動の主体は「地域住民」が圧倒的に多く（70.2%)、「教員」は 26.0%、「保護者」「生徒」はほとんどない（どちらも 1.9%)。主体のサブでも「地域住民」が多く（39.5%)、「教員」33.9%、「保護者」22.6%、「生徒」4.0% となっている。地域の側の窓口となる担当者は「公民館関係者」「元学校関係者」「民生委員など」で、最も多いのはこれらの兼任、あるいは肩書きの多様な地域のキーパーソンである。すなわち、それぞれの地域に特徴的なキーパーソンの存在があり、この人を中心に動いていると推察できる。生徒数からみた学校規模別の実施状況では、比較的小規模校が早くから実施しており着手しやすい傾向にあるとみられる。市町の人口規模別では事業の評価が特徴的で、評価が高い人口 10 ～ 30 万人の市町で事業の継続見通しでは「近々停止」5.0%、「不透明」5.0% などがみられた。これらから事業の成果が得られる（成果が現れる）適正規模があるのではないかと推察される。人口密度が低い地域のほうが地域活動に参加しているという指摘（国土交通省，2006）を参照す

れば、学校や地域にとって、生徒や地域住民にとっても、日常的に認知できる
学校や地域の規模があるといえるのではないだろうか。また、この当時は「地
域が学校を支援する活動」ととらえられ、地域住民がもっぱら学校や生徒のた
めに活動していたと考えられる。これからさらに協働へと発展するには、多く
の生徒や保護者の参画が必要となる。

4. まちづくりの観点から

　支援から協働へという動向は、まちづくりの観点からみるとどのような意味
をもつのだろうか。

　まちづくり活動においては、主体的参加の重要性が強調されてきた。特に、
ポスト近代へという時代の転換点として、専門家がリードする従来型の都市計
画から住民主導のまちづくりへの転換が多く指摘される（注1）。住民主導によ
るまちづくりの必須条件としては、合意の形成、まちづくり像の共有があげら
れ、地域に存在する多様なまちづくり主体が連携する必要があるとされている
（佐藤，2004）。しかも、参加する主体がそれぞれの生き方をもち、そのうえで
共同の利害について自己責任をもって参加することが求められる。

　現代における地域コミュニティは、従来からのコミュニティに新たな流入人
口が加わって形成されている。その地域に居住することで自動的に所属してい
るのではなく、参画することで一員となるのが現代のコミュニティである。現
代社会における希薄化した人間関係を超える必要があり（注2）、そうして形成
された地域コミュニティは協働の目的をもつ集団である。それらをどのように
創造していくかが問われるのであり、協働する地域づくり計画の過程では、基
本的なところから議論を尽くすことが不可欠であるという（三村，1998）。これ
らを踏まえれば、学校と地域の協働活動に参画することで地域の一員となり、
議論しながら活動を展開し、まちづくりや地域活性化に発展するという展開に
注目すれば、地域学校協働活動が地域コミュニティの形成に一翼を担うもので
あるといえよう。

　ところで、まちづくりで扱う空間の範囲としては、コミュニティの基本単位

のひとつとして都市計画法の地区計画が対象とする範囲、すなわち小学校区に相当する数ha～100ha程度ととらえられている。しかし、少子高齢化や都市一極集中によりコミュニティが弱小化・弱体化し、一方で市町村合併によって空間の範囲は拡大した現在、より広い範囲でかつ生活実感が共有できる範囲としての中学校区を基本単位とする考え方が有効ではないか。中学校の地域学校協働活動が核になれば、複数の小学校区コミュニティが集約されてひとつの単位となれるだろう。近所付き合いがないとか、隣接する地域間に代々諍いの種や昔の争いの名残があるなど、伝統的な地域であればなおさら、地域に修復し難い関係を有することがある。こうしたケースにおいても、学校との協働活動が実現すればそれを契機として地域共生のまちづくりが期待できるのではないか。地域住民にとって協働活動への参加は、生徒との関係が生じるだけでなく、そのことが喜びや充実感、生きがいにつながること、教師や学校との関係、ボランティア同士の関係をも再編することが明らかにされている（時岡・大久保・岡田・福圓，2015b）。当初は母校や地域のために活動を始めるが、生徒との関係が築かれて生徒の成長が感じられ、学校外でも生徒から声をかけられたりお礼を言われたりして喜びや充実感を味わうことになる。地域住民だからこそ卒業後の活躍や成長を知る機会があり、その度に活動の手応えを感じるのである。これらをボランティア同士で共有することで、関係が深まっていく。活動に必要とする関係から始まり、活動の工夫や企画などを日常会話のなかでも相談するようになり、生徒の成長をともに喜ぶことがボランティア同士の関係を強固にして、地域住民の元気の素となる。地域住民主導の協働活動によって高齢者や大学生が地域とつながりを深める事例も報告されており（潮田・中野，2018）、住民主導のまちづくりといえるものである。

5. 協働による新たな未来の描き方

　地域学校協働活動の先進事例はすでに多くの報告があり、地域や校区の特徴を生かす個性的な取り組みもみられるが（文部科学省，2017）、開始後数年で中止や自然消滅したケースもある（時岡他，2015a）。組織や活動体制も多様にみ

られ、地域住民が学校を見守る「見守り型」（従前から実施、地域住民が学校へ入ることはない）、地域が学校を支援する一方向の「学校支援型」（学校からの要望を受けて地域住民が活動する）、学校と地域の協働へ発展した「協働型」（双方の活動を双方が支援する）、学校が地域を支援する「地域支援型」（地域活性化のために学校が支援）などが考えられる。さらにこれらが混在して多様なパターンがありうるため、学校と地域の実情に合致した展開が重要である。2019年度からは文部科学省によるコミュニティスクール構想との一体的推進も図られているが、何を成果ととらえるかによって活動内容は大きく異なる。また、協働本部の設置やコーディネーターの配置も多様なパターンがあり、校区をどうとらえるか、校区を超えることもありうる。たとえば、学区ごとに設置、中学校に設置して校区の小学校を含む、あるいは市町村教育委員会に設置して小中学校を統括することも考えられよう。今後も全国で活動が増加すると見込まれるため、学校と地域の協働の将来像を見据えて、活動展開の要点として三点をあげておきたい。

①関係づくりを重視する

東日本大震災（2011年）の被災地で、この事業に以前から取り組んでいた地域は避難所経営が順調に進んだとの報告がある。必ずしもこの事業が必須とはかぎらないが、この事業で学校と地域の関係が構築されていたことが功を奏したものと推測できる。今後も、地震や水害などの天災、新たな感染症の蔓延など未曽有の状況が想定され、地域あるいは学校ごとの対応が必要になることが生じるだろう。地域の状況が瞬時に的確な情報として学校に届く関係を構築することは、学校の危機管理としても重要である。学校の判断が、地域の状況やその後の経過を左右するため、地域にとっても関係構築は重要である。地域特性に即して、現代のライフスタイルに合致した関係構築、そのためにも協働のあり方を具体的に検討していることが望ましい。

②参画しやすい活動

ボランティア活動は、かつて一部の市民による特別な活動ととらえられていたが、阪神淡路大震災（1995年）のボランティア元年以降、現在では災害後の

共助として定着している。社会意識調査では、近年は社会のために役立ちたいと6割が思っており増加傾向にあるため（内閣府，2020）、地域に潜在する力はあると考えられる。その地域の力をいかに顕在化させるか、地域や学校の状況に合致した取り組み内容と方法に工夫が必要である。何より、参画しやすいと感じる活動が鍵となる。現代は地縁より個人の選択が優先されるため、個人の関心を掘り起こす活動や能力を発揮する工夫は効果的であるといえよう。最近は被災地で中学生がボランティアとして活躍する場面も多く、地域の役に立ちたいと考える若い世代が増加している。若者言葉の「ジモティ」に代表される「地元愛」を、活動として表現する工夫も考えたい。

③サポート体制の構築、犠牲を生まない

活動開始時には学校と地域の担当者に熱意があり意欲的で、成功体験があれば満足度も高まって盛り上がる。「生徒のため」という明確な目的に向かって邁進する。ところがその目的が達成されると方向性を見失うことがある。関係者の熱意の強さに他者からの共感が得られず、コアメンバーだけの活動として閉鎖性が高まれば、その活動は衰退、中断、消滅に向かう。開かれた集団による比較的自由な活動の展開も必要であるが、学校活動の守秘義務や安全管理のためにはすべてを開放することはできない。そこで、活動のあり方やその展開を見守る客観的な視座が必要となる。このため、協働活動のサポート体制、関係づくりの支援体制を整えたい。校長や担当者が相談でき、状況を理解して対応を提案する人や組織など、各学校や地域に合致する支援体制が望ましい。地域差や学校規模による差異が大きいため、協働の目的や意義に合致した展開が必要である。地域格差が拡大し、地域特性による新たな課題が山積する現在、地域に合った仕組みづくりが必要で、学校種による差異も見過ごせない。

協働による新たな関係づくりは、包摂的な地域づくりの核となり得る。本書第1部の実践にも示されるが、地域づくりの実践に必要とされる大事なポイントである。高齢者・女性・子どもが参画し、社会的弱者・貧困・マイノリティの人々が参加することになる。活動に参加することで手応えや充実感が得られ、何より、生徒にとって自己有用感が高まる貴重な機会となることが活動の原点

であり、加えて活動を通して、各人がそれぞれ地域のありようを学ぶのである。今後も全国で多彩な展開が予測される。地域にふさわしい活動となり、人々をエンパワーメントする活動であるよう期待したい。

注1　現代社会を「生活世界」と「システム」の二重構造としてとらえたハーバーマスは、経済システムや国家・行政システムが生活世界を圧迫する状況を乗り越えるため、個々人が当事者となって対話し自律的に秩序を形成することが必要であるとした。行政や経済による主導から、個々人自らが実践する住民主導のまちづくりへの転換を示すものである。

　　　ウェーバーは、法に基づく行動は非人格的になると指摘する。一律にマニュアルに依存するのではなく、実践者による実践のその場にあった臨機応変な対応が求められるといえる。

　　　新アテネ憲章（1998年、ヨーロッパ都市計画家評議会）では、生活やコミュニティを重視した持続可能なまちを住民参加によってつくろうと謳った。

　　　アレグザンダー（1984）は、都市をさまざまな要素で形成される構造ととらえて、良い環境には有機的秩序があるとした。ツリー構造の都市ではなく、環境に有機的秩序をもたらすためにボトムアップに適するネットワーク型を構想する必要があると提唱した。

注2　内閣府の社会意識に関する世論調査（内閣府，1975・1986・1997・2020）、国民生活選好度調査（内閣府，2000・2007）の結果からは、地域・隣近所との付き合いは経年的に希薄化していることがわかる。町内会・自治会への参加も減少傾向にあり、地域コミュニティにおける関係の希薄化が進展しているとみられる。

引用・参考文献

アレグザンダー，C.　平田翰那（訳）（1984）．パタン・ランゲージ――環境設計の手引――　鹿島出版会

チール，D.　野々山久也（監訳）（2006）．家族ライフスタイルの社会学　ミネルヴァ書房，158.

Cooley, C. H. *Social organization: A study of the larger mind.* New York: Charles Scribner's Sons.（大橋　幸・菊池美代志（訳）（1970）．社会組織論　青木書店）

ハーバーマス，J.　河上倫逸・フーブリヒト，マンフレート・平井俊彦（訳）（1985）．コミュニケイション的行為の理論（上）未來社

ハーバーマス，J.　徳永　恂，平野嘉彦、山口節郎（訳）（1986）．コミュニケイション的行為の理論（中）未來社

ハーバーマス，J.（森田数実・馬場孚瑳江・脇圭　平（訳）（1987）．コミュニケイション的行為の理論（下）未來社

国土交通省（2006）．大都市圏におけるコミュニティの再生・創出に関する調査

三村浩史（1998）．地域共生のまちづくり――生活空間計画学の現代的展開――　学芸出版社，37-41.

文部科学省　生涯学習政策局社会教育課国立教育政策研究所（2017）．平成 27 年度地域学校協働活動の実施状況アンケート調査報告書

内閣府（1975・1986・1997・2020）．社会意識に関する世論調査　Retrieved from http://survey.gov-online.go.jp/h08/shakai.html（2021 年 2 月 15 日）

内閣府（2000・2007）．国民生活選好度調査　Retrieved from https://warp.da.ndl.go.jp/info:ndljp/pid/10361265/www5.cao.go.jp/seikatsu/senkoudo/senkoudo.html（2021 年 2 月 15 日）

佐藤　滋（2004）．まちづくりとは何か――その原理と目標――　日本建築学会（編）　まちづくりの方法　丸善

潮田邦夫・中野綾香（編）（2018）．地域×学校×退職者×大学生×…＝∞――地域学校協働活動参加のすすめ――　学事出版

住田正樹（2001）．地域社会と教育　九州大学出版会

時岡晴美・大久保智生・岡田　涼（2015a）．中四国地域の中学校における学校支援地域本部事業の取組成果と将来像――中学校と地域社会の連携の在り方に関する研究（その 2）――　日本建築学会四国支部研究報告集，15，151-152.

時岡晴美・大久保智生・岡田　涼・福圓良子（2015b）．学校支援地域本部事業の取り組み成果にみる学校・地域間関係の再編（その 4）――岡山県備前中学校における 6 年間の事業経過と評価の分析から――　香川大学教育実践総合研究，30，29-41.

ウェーバー，M.　大塚久雄（訳）（1989）．プロテスタンティズムの倫理と資本主義の精神　岩波書店

元・公立中学校長

平田俊治

第1部

学校と地域の連携・協働の軌跡

第1章　学校を取り巻く現状と実践の経緯

　私は中学校の教員を 39 年間経験した。教員生活終了までの 11 年間には三つの中学校の学校支援地域本部立ち上げに携わってきた。それらの学校は生徒の問題行動が多く学習指導が十分には行き渡っていなかった。それまでにも生徒指導が難しい学校に赴任したが、保護者や地域住民と連携することで何とか乗り切ることができた。その連携がもしなければ、到底乗り切ることはできなかっただろうと思う。だから、県の教育委員会から学校支援地域本部事業が提案されたとき、校長に学校運営協議会の設立を進言したし、自分が校長就任後は教職員や地域住民を説得して設立を提案した。

　今までの経験から強く感じるのは、現在の教育課題の多くは学校だけで解決するには限界をすでに超えているということである。人口構造の変化や情報化に伴う産業構造の変化、それに伴う住宅政策や地域の衰退など、さまざまな社会の歪みが社会的弱者である家庭や子どもに重くのしかかり、格差は拡大の一途をたどっている。中学生はすでに「社会は平等ではない」と気づいており、こうした生徒たちにただやみくもに「頑張れ」だけで意欲を引き出すことはもはや不可能に近い。

　こうした状況のなかで活路を見出したのは、地域との連携や協働の導入である。本稿ではその導入の背景や推進した過程を、かつての実践者として振り返りながら、新米研究者の一人として考察するものである。

1.　学校支援地域本部導入の出発点はコミュニケーションの復活から

(1)　良質なつながりを求めて

　近年、教育に潤いがなくなってきた。校長として勤務したのはふたつの中学校であるが、その 9 年間は、いつも数字に追われていた。なかでも、全国学力・学習状況調査（通称、全国学力テスト）は、数字を最も意識した。何と

いっても緊張感が違う。テスト返却用の袋ひとつをとっても教科ごとに色が違い、大変なお金がかかっていることを感じた。そうした物々しい雰囲気で調査は実施され、ミスなく終えるとホッとため息をついたものだ。

　調査の結果は夏休み前に公表され、全国平均と自校の平均点を比べて対策が求められる。テストの結果はテレビや新聞などで大きく取り上げられ、学校がある県や市レベルのものではあるが、平均点が全国平均と比べて上か下か、文字どおり色分けされて報道される。全国で何番目か、去年は何位で今年は何位、順位が上がったか下がったか、一喜一憂する。私もこの数字を学校だよりや学校評議員会の説明に利用した。そうしないと保護者や地域住民から何もしていないかのように思われるのが怖かったからだ。

　たしかに、数値は物事の進捗状況を示すには重要な指標であり、数字なしには改革は進まないだろう。しかし、教育基本法には「教育は、人格の完成を目指し、平和で民主的な国家及び社会の形成者として必要な資質を備えた心身ともに健康な国民の育成を期して行われなければならない。」（第一条）とある。人格の完成度や民主的な国家・社会の形成者の育成度の数値化は可能なのだろうか、数字だけに依存していていいのだろうか、自問する日々が続いた。

　数字にこだわりすぎると肝心なものを見失う。学校の成績が伸びず、平均点の全国順位が低迷するとき、悪いのは学校だ、一体学校は何をしているのだと言わんばかりに責めたてる人たちがいる。成績のことで新聞に「○○最低」と大きな見出しが出たことがあった。○○は自校が所属する市町の名前で、最低というのは他の県内市町村との比較である。もちろん、記事にはいろいろな配慮があり見出しに比べると内容は穏やかなのだが、その見出しだけを見て「悪いのは誰か」と言いたてる人がいるのだ。その記事が掲載されたのは、学習環境を改善しようと教員や生徒たちと取り組みを始めた矢先だったから、こうした非難には正直落ち込んだ。

　数字で比べられて嫌な思いをするのは、おそらく成績が芳しくない学校だ。さらに、教育環境が厳しい生徒たちは、もっと嫌な思いをしているのではないかと心配していた。貧困に伴う教育環境の厳しさは、生徒たちのプライドに大

きな影を落としている。こうした単純な数字による比較はさらに彼らを傷つけている。教育弱者への視点は欠落したまま、成果が求められるのが最近の風潮である。

「悪いのは学校か」「点が取れないのは彼らのせいか。せめてスタートだけでも平等にしてほしい。安心して勉強できる環境を与えてほしい」、生徒の代わりにそう訴えてやりたい。黙っていては、精一杯頑張っている生徒たちに申し訳ないと思った。

競争させれば点数は上がると考える人たちがいる。単純に考えれば、生徒に過去の問題を何度もやらせ、家庭学習の時間を競わせ、効率の良い授業を行えば教え込んだことが歩留まりよく再生され、点数が上がるだろう。こうした学習成果がこれからの世の中に有効かどうかの議論はさておいて、今まではこうした方法で獲得した学歴や知識の量が経済的収入に結びついてきたことは確かで、そのことを理解している家庭は、勉強への投資を惜しまず成果を上げている。

その一方で、保護者の貧困や教育環境など自分たちではどうすることもできないことが原因で、環境が整わず競争から離脱せざるを得ない生徒たちがいる。彼らは、「どうせ俺なんかやっても無駄だ」とか「私の家族で高校を卒業できた人はいない。だから、私は高校には行かない。無駄なことはやめとく」とつぶやき、学力テストの日に欠席する。あるいは、テストを途中で放棄し、「最後まで受けたら学校の平均点が下がるから、先生困るだろ。やっぱり帰るわ」と帰宅する。教育環境に恵まれた生徒たちが点数向上や順位向上に向かって走れば走るほど、環境の整わない生徒たちは意欲を失い、学校に居場所がなくなっていく。

成果がなかなか出ない彼らを置き去りにして教育の成果を語ることは、私にはできなかった。彼らを国の教育の目標である「人格の完成を目指し、民主的な社会の形成者」に育て上げることこそ重要ではないのか、自問する日々が続いた。

彼らの実相がなかなか伝わることがないので、学校支援地域本部事業の開始当時に、社会から疎外されていた生徒たちの実態を次章に記しておく。

私は、最も大きな教育課題は、「つながりの格差」だと考えている。私が子どもだったころ、みんな貧しかったが地域にはコミュニティがあり、人々は相互にかかわり助け合っていた。それぞれの地域には子ども会があり、子ども同士はもちろん保護者同士も相談したり助け合ったりしていた。万一、家庭にトラブルがあっても、信頼できるお節介な地域のおばちゃんやおじちゃんがいて、相談相手になったり面倒を見たりしていた。

　もちろん、社会には差別的な言動もあったし、学校にはいじめもあった。しかし、それを上回る豊かなコミュニケーションが地域や学校にあり、近所のおばちゃんが若い母親の悩みを聞いたり、クラスにはお節介だが正義感に満ちた生徒がいて、いじめられている生徒を擁護したりするなど、深刻な事件になる前に緩衝材の役割を果たすこともあった。

　こうしたことを考えると、地域の善良な市民による温かくて良質なコミュニケーションを学校教育に導入して、社会からの疎外を感じている生徒たちも含め希望する生徒全員に提供すれば、みんな平等で希望があると感じさせることができるのではないかと考えた。この営みこそが「人格の完成を目指す教育」の始まりだと信じて学校支援地域本部の立ち上げを推進してきた。

(2) 中学生に必要なことは大人のモデルの可視化

　近年、人口減少や都市部への流出など人口構造の変化で、存続自体が危うい地域コミュニティが増えた。加えて、流入した住民の一部は地域から孤立し、周囲の社会に対して先鋭化する家庭も目につくようになってきた。当然のことだが、こうした縮小し分断していくコミュニティでは、緩衝材であった地域のコミュニケーション力は減少し、地域の教育力の低下が危惧されている。

　経済的に苦しい家庭の増加や、そうした家庭の子どもがさらに経済的に厳しくなるという貧困の拡大により、学歴のメリットを理解できない家庭が増えたように感じる。こうした家庭には学習することのメリットを子どもに感じさせる高学歴者がおらず、教育の重要性を理解してもらうことが困難であることが多い。

　教育現場で感じるのは、こうしたつながりの格差が年々拡大し、将来に展望

がもてない生徒や保護者が増え、教育全体が勢いを失っていく状態が続いていることだ。

　学力や生徒指導が困難な学校の多くはこうした課題を抱えており、それらをどう克服するかはそれぞれの学校で悩むところである。学校改革の実践報告が多々発表されるが、その活動の端緒や方向性決定の過程に言及したものはあまりない。

　中学生は義務教育の総仕上げとして大切な時期である。手本となり成長を支援する身近な大人の存在が最も必要なときであるが、家庭や地域コミュニティの衰退は、そうしたモデルとなる大人の存在を見えにくくしている。地域にある人材資源をどのように見えるかたちにしていくか、将来に展望がもてる生徒を育てるためにはどのような取り組みが必要か、学校は戦略をもって語らなければならない。もちろん、学校を取り巻く環境は地域によって大きく異なっており、それぞれの学校が地域の状況に応じた課題解決の方法を考える必要があることは言うまでもない。試行錯誤を経てある方向に活動が収束していく、その過程を記録し検証することが重要である。

　いろいろと考えた結果、私たちが見出した答えは地域の善良な大人をモデルとして学校に導入することだった。たとえば、学習支援や環境整備、あるいは読み聞かせなど、その学校の生徒や地域の特徴に応じて、生徒と地域住民が協働できる学校支援活動を考案し、実践を通して地域住民とコミュニケーションを深めることを目指した。これが学校支援地域本部設立の発端である。

2. 国の政策としての「学校支援地域本部」・「地域学校協働本部」

　地域社会で「学校と地域の連携・協働」が期待されるようになった過程を、教育政策の変遷などから検証すると、およそ10年をひとつの区切りとして、次の三つの時期がある。

(1) 概念の形成・浸透期 ── 生涯学習体系への移行

　本来、教育は学校だけで行うものではなく、生涯を通じて行うもの（臨時教育審議会答申，1987）とする考え方や、社会教育と学校教育が両方の要素を重

ね合わせながら取り組んでいくべきもの（生涯学習審議会答申，1996）と考える流れが、1980年ごろから始まり、しだいに時流に乗るようになっていった。

　校長の求めに応じて学校職員以外の者が学校運営に関して意見を述べることができる仕組みである学校評議員制度の導入（学校教育法施行規則改正，2000）や、学校週5日制の実施（中央教育審議会答申，2002）、地域住民や保護者が学校運営に参画を可能にする学校運営協議会の導入（地方教育行政の組織及び運営に関する法律，2004）や地域住民や保護者が学校・家庭・地域の相互の連携を促し協力を促進することを目的に行う学校関係者評価（学校教育法及び同施行規則の改正，2007）などの法改正により、学校教育に地域住民が参画する下地が整えられた。

　後述するエピソードでは、地域本部導入前のX中学校がこの時期にあたる（第2章）。

(2)「支援」の拡大期 —— 社会の教育力を学校教育へ導入加速期

　社会の情勢の変化とともに山積する課題に対応するため、学校教育のなかに地域の教育力を導入する動き、いわゆる「支援」が加速し、教育基本法改正（2006）に「学校、家庭及び地域住民等の相互連携協力の推進」が盛り込まれた。学校支援地域本部事業（2008）はその具体的方策の柱のひとつであり、第1期教育振興基本計画（2008）に基づいて立案された。地域全体で学校教育を支援する体制を推進するこの事業で、多様な面で改善がみられ、「地域の参加による教育課程の充実」や「体験学習の受け入れ先の確保」などで有意な効果が確認された（学校支援地域本部事業等の事業効果の把握に向けた調査研究，2010）。その結果、第2期教育振興基本計画ではすべての学校区で学校と地域が連携・協働する体制の構築が目標となっている。

　一方、すべての学校でこうした連携が成果を上げたわけではなく、地域と学校の調整不足に起因する活動機会や場所の偏り、人材の不足やコーディネート機能を特定の個人に依存することに伴う存続への危惧など、持続可能な体制がつくられていないケースが課題となっている（中教審答申：地域における学校と

の連携・協働の課題，2015）。

　後述するエピソードでは、地域本部導入初期の X 中学校・Y 中学校の状況に相当する（第 2 章、第 3 章）。

(3)「協働」の推進 —— 地域との連携・協働推進期

　教育課程企画特別部会論点整理（2015）では、これからの教育課程に求められているのは、社会の変化を柔軟に受け止めていく「社会に開かれた教育課程」としての役割であると述べられ、「何を知っているか」という知識の体系化に留まらず、「それを使ってどのように社会・世界とかかわり、よりよい人生を送るか」までを視野に入れて議論することの必要性を指摘している。

　中教審答申（2015）、続いて社会教育法改正（2017）と、さらに学校と地域が一体となって持続可能な協力体制を推進するための提言が行われた。すなわち、学校と地域の特性を生かしながら協力し合う「連携」と、相互に意見を交わしつつ学校と地域が共通の目標達成に向けて計画し、お互いに貢献し合う「協働」活動である。地域から学校へという一方向の「支援」から地域・学校、双方向への活動「連携・協働」へと活動の重心が移され、そうした活動の意思決定に主体的にかかわること、つまり「参画」することが要点とされている。

　後述するエピソードでは、校区の小学校や地域と連携・協働を始めた Z 中学校の状況に相当する（第 4 章）。

3．連携・協働の導入と展開

(1) 導入の根底にあるもの

　①学校教育の限界

　いわゆる学校の「荒れ」を経験した学校に共通しているのは、ひとり親家庭など教育の要となる家族までが生活のために労働に没頭せざるを得ず、生活のゆとりの欠如から生じる家庭の問題を、学校が肩代わりせざるを得なくなったという構図である。学校教育の奮闘にもかかわらず、やがて限界を超えしだいに疲弊していくのである。

私が1回目にZ中学校に赴任したのは、度重なる校内暴力や喫煙に地域から不信の目で見られ、学校が孤立感を強めていた時期であった。当時、全国的に学校が管理を強め始めた時期でもあり、Z中学校も例外ではなかった。学校と生徒が対立する構図が強まり、その関係は硬直化し始め、生徒指導を担当した私もずいぶん悩んだ。生徒に科学のすばらしさを伝え、ソフトテニスの楽しさを教えたいと教員になったが、生徒指導ではまるで仇のように生徒と対峙しなければならない。生徒と教員の溝はしだいに深くなっていく。何か違う、こんなことをしていてはだめだと感じていた。

　全国的にも1980年代は青少年の非行件数がピークを迎え、学校でも深刻な暴力や反社会的行動が問題となった。問題に対処するため学校が管理を強化した結果、校門圧死事件やいじめ問題、不登校生徒の増加といったさまざまな問題を誘発することになり、対応に苦慮することになった。こうした状況のなか、硬直化した生徒と教員の関係を改善する方向として推奨されたのが、緩衝材として地域住民（もちろん地域の善意ある集団）を学校に導入する学校支援地域本部事業である。

　②「斜めの関係」

　「斜めの関係」という言葉は、中学校初の民間人校長ということで脚光を浴びた藤原和博氏の講演で伺った。とかく硬直しがちな生徒と教員という直列の関係に、教員でも生徒でもない「斜めの関係」を学校内にもち込み、コミュニケーションの活性化を図ろうという提案だった。この提案を聞いたとき、なるほどそういう手があるかと感心した。教員でも生徒でもない人間が加わると、生徒と教員だけだった関係が一気に変わることをさまざまな場面で経験した。

　学校を支援するボランティアと生徒との関係は、この「斜めの関係」そのものである。学校支援活動は、そうした人間が学校に入り、それぞれの立場で生徒のことを真剣に考えている大人の存在を目に見えるかたちで生徒に知らせる。地域本部の導入は、生徒たちに安心感を与えると同時に、生徒と教員の関係改善に大きな効果を上げ、さらには閉塞感を感じていた多くの教員へのエールとなった。

③地域のことは地域が決める

学校支援活動が導入され地域本部が設立される経緯には、さまざまな背景がある。学校教育が困難になり保護者が学校に不安を感じるようになって設立される場合や、教育に造詣の深い人たちが新しい時代に対応できる子どもを育てたいと学校に新風を吹き込むために設立される場合など、多種多様である。

こうした地域本部に共通するのは、ピークを過ぎると形骸化が始まるということであろう。学校の荒れが治まり保護者の不安がなくなるとか、教育に造詣の深い人たちが年齢を理由に一線を退くなどがその主な理由である。

地域本部で一番頭を悩ませるのがこの「継続」の問題である。保護者や地域住民の側から考えても、教員には異動がある。地域本部をつくったはいいが、「継続できるか」は、大きな不安材料であろう。私は三つの学校で学校運営協議会の立ち上げに携わったが、それぞれの協議会は今もなお活発に活動を続けている。この三つの組織に共通するのは、「地域のことは地域が決める」という姿勢である。

いずれの学校も学校の「荒れ」を理由に設立されたが、地域にはそれぞれ他校にはない特徴がある。その特徴に対応するため、組織や活動内容には独自のものが必要であった。たとえば、同じ登下校見守り活動でも、X中学校では、古くから地域住民の見守り活動があったので、それを登下校安全指導として組み入れ、Y中学校では長年民生児童委員が中心となって登校指導を行っていたので、その活動を組み入れた。このように地域に合った活動を大切にしながら、地域住民や保護者がさらにかかわりがもてるように実行委員会を開催し修正を行うことが大切である。こうした修正を早いサイクルで回すことで「地域のことは地域が決める」という意識（ビジョン）が共有され、行政などに働きかけるようになった結果、継続が可能になったのではないだろうか。立ち上げた三つの協議会の活況はこのことを支持しているように思う。

(2) 中学校における導入の経緯

X中学校では、学校の「荒れ」がピークにあった状態で、その対応策とし

年度	X中学校	Y中学校	Z中学校
2008	取り組み開始　会則制定 事業本部設置		
2009	本格実施　6部会活動開始 学校支援広報誌発行		
2010	ボランティア専用室整備　補助 事業となる　教職員研修開始	事業本部準備会実施 会則制定・事業本部設置	
2011		3年生学習支援開始 福武教育研究助成 学校支援4部会活動開始	
2012		福武教育研究助成 X・Y市ボランティア交流 会実施	
2013	年度初め顔合わせ会開始	学校支援広報誌発行	取り組み開始　会則決定 事業本部設置 実行委員会開始（年3回）
2014	県学校応援事業優良実践校認 定		県知事来校 「知事と一緒に生き活きトーク」 地域運営委員会開始 （年3回）
2015	教職員とボランティア合同 ワークショップ		県「頑張る学校応援事業」実施 校 ボランティア・教職員顔合わせ 開始
2016			社会福祉と連携開始
2017	事業開始10周年記念イベント		県教育弘済会教育論文最優秀賞 受賞 生徒による地区盆踊り会復活
2018			文部科学大臣優秀教員表彰 日本教育弘済会論文奨励賞受賞

表1　X・Y・Z中学校　地域本部・学校運営協議会設立の経緯について

て協議会を導入した。最初はPTAの協力を得て、毎日のごみ拾いや花の水や
りといったかたちで始まり、やがて学校運営協議会がつくられ、地域住民が学
校支援活動に参加するようになり、「荒れ」は速やかに収束した。

　Y・Z中学校では、学校の「荒れ」がピークに達したところへ協議会設立の
経験のある校長が赴任し活動を開始した。しばらくして中学校区の小学校長や
学識経験者を構成者として地域教育協議会が形成され、やがて学校支援地域本
部としての活動が展開された。

(3) 共通して展開した事業

●学習支援活動

　筆者らが進めた活動で特徴的なもののひとつに「学習支援活動」がある。放課後や土曜日の午前中に中学校の教室で「学習支援ボランティア」が数学や理科、英語などの個別学習を行うものである。それまで通常では中学生とかかわる機会のない、地域のおじちゃんやおばちゃん、ときには、おばあちゃんやおじいちゃんたちが、マンツーマンで中学生に勉強を教えた。

　当初は、学習を支援することや初めて接する中学生と個別に対応することへの戸惑いや不安があったが、「中学校の教育力を一層高めるために保護者や地域の力を生かしたい」という地域住民の声は強く、それぞれの個性を生かしながら「できるときに」「できることを」「できるところから」活動することになった。困難は伴うがそれ以上に多くの手応えが明らかになり、いずれの学校でも実施してきた。

●環境整備活動

　保護者や地域のボランティアと生徒がともに学校の環境を整備する活動である。大きく分けてふたつの活動を行った。みんなでトイレをきれいにする「心を磨くトイレ掃除」活動と、学校の特徴に応じて環境を整える活動である。

　「心を磨くトイレ掃除」は、土曜日の早朝に生徒や地域ボランティア、保護者の有志が学校に集まり学校中のトイレを清掃するものである。学期に1回程度行われ、毎回100人前後が参加する。有志の生徒実行委員が、企画や班分け、道具の準備から会の進行まで行う。実行に当たっては、参加者1人に1台の便器を割り当て、便器の他、床や壁、排水溝や手洗い場などを掃除する。終了後は、班ごとに反省会を開き、さらにその班の代表者が全体の前で発表を行う。

　初めはためらっていた生徒が、やがて保護者や地域ボランティアとともに真剣に便器を磨くようになり、「トイレがきれいになり、心もきれいになった」「みんなで取り組むとトイレが見違えるほどきれいになった。人間の力ってすごいと思った」などと発表するようになった。

　校内を整備する活動は各校の環境に応じて行った。X中学校では、校内に

あった畑を利用して、環境整備ボランティアとイモや野菜の苗を植え、収穫したものを給食に食材として提供し、自分たちで消費することも行った。また、地域ボランティアや校長先生の指導のもと、花を種から育て「花いっぱい運動」を展開した。Y中学校では、広い敷地の草や雑木をボランティアと生徒できれいに刈り取ったり、学校の前を流れる川に出かけて川岸や川底のゴミを拾うクリーン作戦を展開したりした。Z中学校でも、広い敷地の草や生い茂った樹木をたくさんのボランティアと生徒できれいに刈り取った。好評だったのは、活動終了後、地域ボランティアや保護者と生徒が行う握手会であった。学校をきれいにしてくれた感謝の気持ちを込めて、知り合いではない大人5人以上と握手をしようと生徒に呼びかけた。中学生が、はにかみながら地域の人たちにあいさつと握手を行い、参加した人たちにとても好評だった。

● **読み聞かせ活動**

　読み聞かせ活動も三つの中学校で実施した。地域の読み聞かせ愛好会などに依頼して、すべてのクラスで年6回程度実施した。1時間目の授業が始まる前の10分間、読む本については、読む人に一任して実施した。「中学生に読み聞かせ？」と当初は疑問もあったが、いつもは教室に入らず校内を徘徊する生徒が、読み聞かせのある日は教室に入るようになり、その日は落ち着くことが多かった。やがて、本に興味をもった生徒が図書館に行ったり、ボランティアから読み聞かせの技術を教えてもらったりするなど、広がりがみられるようになった。

● **人権やスマホにかかわる取り組み**

　生徒が主体となって組織をつくり、全校生徒に啓発活動も行った。X中学校とY中学校では「人権委員会」が、Z中学校では「STOP委員会」が相当する。この組織の会議には、地域の人権擁護委員や弁護士をしている保護者なども参加した。

写真1　スマホ対策委員会による全校啓発活動

共通しているのは、「大切なことは自分たちで決める」という姿勢である。

　いずれの委員会も、いじめの問題やスマートフォン・携帯電話による人権侵害などを扱った。いじめで嫌な思いをしたとかスマートフォンや携帯電話で失敗したという生徒たちが中心になって組織をつくり、自分たちのような失敗をさせないために啓発活動を行った。

　彼らは、自分たちの考えを生徒たちにわかりやすく伝えるために、企画を練ってプレゼンテーションや寸劇を披露した。当時、いじめの問題やスマホによる人権侵害が問題視されており、生徒への説得の効果は大きかった。また、抑止のために活動する彼らへの注目は大きく、発表風景がテレビ局の取材を受けたり、県から依頼を受けて研修会で発表したりすることもあった。

● **小学校との協働活動——「学習支援」活動への参加**

　地域からの支援が始まり、安全・安心の感情が高まりこのまま学校が落ち着くかと思われたが、高校受験を意識し始めるころから学年の自己肯定感が下がり始めた。とりわけ、家庭環境が厳しい生徒は、受験を目前にすると自信を失い授業を抜け出し校内を徘徊したり、喫煙をしたりすることが多かった。今までの教員経験からしても、そうした生徒は何か強い負荷がかかると自信を失いがちで耐性に乏しいという印象があった。

　この問題の対処を考えていたとき、たまたま研修会で同席した北海道大学の加藤弘通先生から「日本の青少年の自尊感情が国際比較で低いのは、社会貢献が乏しいためである」という知見を得た。日本人は、人の役に立つという価値観が他の国民に比べて強く、そのため社会経験が少ない日本の青少年は自尊感情が低い、とするとらえ方である。そこで、社会に貢献する活動を取り入れれば生徒の自己肯定感の低下を防止し、自尊感情を高めたまま高校受験を乗り切れるのではないかと考え、実践することにした。

　中学校区内の小学校で行われていた保護者による「学習支援」活動や地域ボランティアによる「学習支援」活動に、有志の生徒を先生役として派遣した。その際、学力未習熟の生徒にも積極的に取り組むよう担任や学年を中心に多数の教員が声かけを行った。未習熟の生徒のなかには、小学生に教えるために中

写真2　小学校での学習支援活動　　　　　　写真3　小学校での読み聞かせ活動

学校の学習支援に参加するなど、行動が変容した生徒も見られるようになった（写真2）。

　また、図書委員が中心になって小学生への読み聞かせを実施しようと企画され、読み聞かせボランティアから技術的な指導を受けて実施した（写真3）。年間3回程度、中学生が小学校に出向いて各クラスの児童に読み聞かせを行った。読み聞かせを行った生徒は「（児童が）静かに聞いてくれるので緊張した」「みんなの目線がこちらに集中して、緊張したけど気持ちよかった」など、緊張しながらも小学生の役に立てた喜びを笑顔で語った。

　こうした小学校支援活動を経験する生徒が増加し、地域社会への帰属意識を高めた結果、地域の公民館などに出入りする生徒が増え始めた。最初は、公民館の部屋などを借りて自主的に勉強会などを開いていたが、やがて公民館祭りなどを手伝ったり、中学校の委員会活動で習得したハンドマッサージの技術を地域のお年寄りに施したりした。

● 地域行事への参画

　中学生を地域社会の一員として認める活動の実践は、やがて中学生の地域社会への帰属意識を高め、地域が心の居場所になっていった。そうしたなか、公民館活動を熱心に手伝っていた生徒たちが、地域の高齢者たちから地域の盆踊り会の復活を懇願され、学校に相談に来た。

　地域には、長年引き継がれてきた伝統的な踊り会がある。旧町内の盆踊り会

がこの踊りを伝承してきたのだが、大規模団地の誘致で地域コミュニティが分断され、さらに町村合併によりこの盆踊り会が他の町で実施されるようになったため、旧町内のそれは途絶えていた。そのためこの踊り会の存続を危ぶむお年寄りたちが、公民館祭りに参加していた中学生に、盆踊り会の復活を頼んだのがことの発端である。

　もともとこの地域は地域コミュニティの衰退を何とかしたいという思いが強く、学校運営協議会立ち上げ当初から中学生の地域行事への参加が強く求められていた。中学生を核として地域コミュニティの再生を依頼されたということであろう。

　いろいろと紆余曲折があったが、中学生を主体とした実行委員会がつくられ、企画・運営・実行を行う体制が整った。もちろん中学生だけでは外部との渉外や会計などがおぼつかないので、中学校PTAを母体とする保護者や地域教育協議会を基盤とする地域ボランティアからなる盆踊り会支援委員会が組織された。そうした組織の支援を得ながら、生徒が計画・運営などに主体的に参画できる盆踊り会が実施されるようになり3年が経過した。

　盆踊り会復活の初年度取り組みの様子は、全校集会で披露した他、活動を記録したビデオを給食の時間に放送したり、学校新聞や学校のホームページなどで紹介したりした。その結果、同じ学年の生徒はもちろん、下の学年の生徒にも貢献活動に対する憧れが芽生えるようになり、「先輩たちの姿に憧れた」「自分たちも盆踊り会をやってみたいと思った」と、生徒たちの社会貢献活動は年とともに広がりがみられるようになった。同時に、校内の生徒指導上の問題行動は大きく減少し、社会貢献に対する意識は全国と比較しても高い状況が続いている。

4. 関係の見える化

　学校を地域に開いたことで、それまで膠着状態にあった教員と生徒の関係が地域住民の視点にさらされ、新しい関係が築かれるようになった。

　地域本部発足当初は、学習支援活動ではボランティアの人手不足が続き存続

が危ぶまれたが、地域連携に興味を示す若手教員たちが積極的に支えたことで活動を継続することができた。教員も校務分掌の他に、学校支援の部会のいずれかひとつに所属することにし、時間に余裕があるときには参加するよう要請した。

またアンケートの結果から、教員とボランティアの意識の差が課題であるとの指摘から、ボランティアと教員との顔合わせを行い、「名前で呼び合う人間関係」の構築を目指した。

こうした取り組みは、年を追うごとに効果がみられ職員室の雰囲気も明るくなった。しかし、多くの教職員がその意義について理解したのは、教室に入らない生徒に対する対応であろう。

Ｚ中学校では、小学校で学級崩壊を繰り返した学年の生徒たちが入学してから、年ごとに生徒指導上のトラブルがエスカレートしていた。教室に入らない生徒たちの増加に、教員は再び学校が「荒れ」るのでは、と危惧する状態となったが、そうした生徒に学習支援ボランティアを中心に個別に対応し、再度の学校の「荒れ」を回避することに成功した。

地域住民と組織的かつ計画的に実施した学校支援活動が学校の「荒れ」の鎮静化の一翼を担った。この取り組み後、斜めの関係の効果が教職員にも認知されることになり、地域との連携や協働活動に教員の理解が増した。

学校の「荒れ」を収束させなければ、生徒や保護者が安心して中学校に来られない。急いで取り掛からなければ、生徒にとって貴重な中学校生活が、十分な教育ができないまま終わってしまう。追い立てられるような思いで、学校支援実行委員や地域住民、そして保護者と相談しながら、学校支援活動に取り掛かった。

近隣に成功事例はなく、ほとんど手探りのなかで実践を模索した。うまくいったこともあったが、事を急いだために失敗もあった。導入を決断したそれぞれの学校の背景とともに、そうした事例もエピソードとして、次の章から紹介する。

第2章　X中学校での事業の導入と展開

エピソードX-1

「ため息はご法度よ」── 導入の背景

　X中学校に教頭として赴任することが決まった。同じ市内での教頭の異動はあまり聞いたことがなかった。そのころX中学校の評判はあまり芳しくなかったから、期待されての転勤だろうと自分に言い聞かせたが、自分に務まるだろうかとずいぶん不安な気持ちだった。

　4月1日、転勤してきてすぐに目に留まったのが、異動していった先生の机にあった張り紙だ。それには「ため息はご法度よ」と書いてあった。「ため息をつくと幸せが逃げる！」とも書いてあった。きっと自分を戒めたのだろう、手書きの文字は丁寧で、それを書いた先生の人柄をあらわすようだった。しかし、その張り紙は、私たち新しく赴任した教員に、この学校の生徒指導の厳しさを伝えようとしているようにも思え、これからのことを考え緊張した。

　そのころ、X中学校は生徒数が増加しており、生徒指導の状況も厳しさを増していた。その対策として学級数の弾力的な編成を試みていた。これは、学級数が多い学年にかぎって1クラスの生徒数の上限40人を35人にするもので、クラスの生徒数を減らすことで教員の負担軽減を試みるものである。私が赴任したときは、ふたつの学年で同時に弾力的な編成を試みる年だった。しかし、そのために必要な教員の増員には講師で補充するしかなく、私とともに新任式に並んだのは、大学を出たての講師たちだった。生徒指導が厳しいこの学校で、教職経験のない若い先生たちがやっていけるか、そして、これから起こるトラブルからこうした若い先生たちを守り切れるか、管理職としての緊張感は高まっていった。

　学校が始まってしばらくしての光景に私は目を疑った。1学期が終わりに近づいた蒸し暑い日だった。学校全体が落ち着きを欠いていた。授業中にもかか

わらず生徒棟のほうが騒がしい。窓から見ると、男子生徒がスカートをはいて廊下を走っている。スカート！　思わず目を疑った。その彼を、全速力で水風船（小さなゴム風船に水を入れたもの）を持って追いかける数人の生徒たち。それを囃し立てるたくさんの生徒たち。校内の教師たちに動く気配はない。連日の生徒指導で疲れているのだろうか。「行くしかない」。重い腰を上げ職員室を出て指導に行った。走っている生徒を静止させ、事情を聞いた。

　スカートは女子生徒に借りたものだという。興味があったので借りてみたら、気持ちが高揚して走り出したという。授業を抜け出してはいけないと注意して教室に戻す。途中から駆けつけてきた生徒指導担当の教師たちと一緒に水風船で濡れた廊下を拭きながら、「中学生のやることじゃない」「暑くなるといつもこうだ」「勉強についていけないからな」「イタチごっこだよ」などと、愚痴を言いながらゴミを片付ける。愚痴でも言わないと、自分の心のバランスがとれなくなりそうだった。

　暑くなると落ち着きがなくなる生徒がいる。水が絡むと、さらに興奮して収拾がつかなくなる。そのような生徒がクラスに数人いると一人の教師の手には負えなくなる。学校外からの支援を考えるようになったきっかけだった。

　職員室に帰ってきて、大きくため息をついた。「ため息はご法度よ」。転勤した先生のつぶやきが聞こえるような気がした。

エピソードX-2

A君のこと ── 教育の限界

　長い間教員をしていると忘れることができない生徒がいる。A君はその一人だ。彼がまだ幼いころお父さんが再婚した。新しいお母さんはとても利発な人で、彼に大きな期待をかけ、小学校に上がる前からいろいろな塾に行くことになり、たくさん勉強をしたそうだ。彼はお母さんの期待に応えようと彼なりに頑張り、クラスのなかではかなり勉強ができるほうだったという。

　お母さんも一生懸命だったのだろう。ゲームや携帯電話は勉強に差し障るからと禁止だった。あるとき、お父さんが、お母さんに内緒でゲーム機を買って

くれた。そのゲーム機が嬉しくて、こっそり隠れて遊んでいたところをお母さんに見つかり、そのゲーム機は目の前で壊されたそうだ。

「真っ二つに折られた」

鮮明に覚えているのだろう、そのときの様子を詳しく話してくれた。彼が中学校に入学後、両親が離婚した。

「母に裏切られた。よーし、これから子ども時代を取り戻すぞ」

そう思ったそうだ。

この話は生徒指導を終えたあと、彼と二人きりになることがあり、問わず語りで聞かせてくれた。そこから自分の非行が始まったという。大人や社会に不信感をもっていたのだろう、大人から高圧的にものを言われるのが嫌いで、学校の教師によく反抗した。とりわけ、女性教師が指導すると逆上し暴力に及ぶことがあった。彼を理解しようとする教師たちは、母親や父親の姿を教師や学校に投影して挑戦し、あえて悪いことをしているととらえていた。教師たちの支援にもかかわらず、暴言や暴力、授業エスケープや授業妨害、怠学など彼の行動は日に日にエスカレートしていった。

こんなことがあった。3年生になり、高校受験を意識してクラス全体が勉強に向かうころ、私は公開授業を見学していた。そのクラスはA君のクラスで彼はまだ登校していなかった。和やかな雰囲気で授業は進み、ある生徒のふざけた言動にみんなが大笑いをしていた。ちょうどそのとき、彼が教室に入ってきた。クラスに緊張感が走り、笑い声から一転、水を打ったように静まり返った。彼がどう反応するか息をのんで見ていると、彼は自分の席についたものの、しばらくして飛び出していった。出がけに窓ガラスをドンと叩き、逃げるように走り去った。話を聞こうと追いかけたが振り切って学校から出て行ってしまった。

別の日、教師とのトラブルが原因で腹を立てた彼は大きな物を投げつけ、その場に居合わせた他の生徒に当たりそうになった。ひとつ間違えば大事故になるところだったので、父親に来校を要請し先方の親子と話し合いをもった。被害者の保護者はきつい口調で責めたてたが、A君の父親は自分の子の言い分を聞いて譲らず、謝罪の言葉はなく、「叱っておく」の一言で終わらざるを得

なかった。

　話し合いのなかで被害者の保護者がA君の家庭環境のことを責めていたことが気になった。自分の子の心配はわかるが、明らかに言い過ぎだ。A君に家庭環境の責任はないと口は挟んだが、彼が傷ついていないか心配になり日が暮れてから家庭訪問をした。

　彼は夕食だろうか、広い居間で一人カップ麺を啜っていた。

「お父さんは?」と聞くと、

「○○へすぐに行った」

「叱られたか?」

「いいや、何も」

「寂しいなあ」

「もう慣れた」

　言葉の短さが彼の寂しさをあらわしているように感じた。

　彼の行動のすべてがSOSを発しているのに、そこに手が届かないもどかしさを感じながら、その日は帰った。やがて、彼はほとんど登校しなくなった。担任教師が時折家庭訪問し、進路事務を進めていた。

　私立高校の受験が間近に迫るある日、入試の面接練習に来ないかと彼の家に電話してみた。夜9時ぐらいまでは学校にいるから「よかったらおいで」と付け加えた。

　夜9時を少し回ったころ、「来ないのかな」とあきらめて帰ろうとした矢先のことだった。彼が現れた。それまで、金髪だった髪が黒くなっていた。染めるのに時間がかかったという。

「きちんとしたな」というと、照れていた。分別がついたのか、たまたまなのか、かつての尖った感じが影を潜めた。職員室の隣の印刷室に案内して、さっそく面接練習を開始した。

「本校への志望理由は何ですか」

「中学校生活で思い出に残っていることは何ですか」などの定番の質問をいくつかした。応答にソツがない。小学校のときは優等生だったという彼の話はま

んざらではなかった。これはうまくいくかもしれないと思った。最後に聞いて
みた。

「将来の夢は何ですか?」と尋ねると、

「学校の先生にでもなってやろうかなあ」

　ふざけた調子で言うので、こちらも、

「それだけはやめたほうがいい」

　お互いに笑った。

「でも、案外いい先生になるかも」と言うと真顔になった。

　その後、高校を卒業し大学の教育学部に進学したと聞いた。彼がもし地域ボ
ランティアから学習支援を受け、学校につなぎ留めておくことができたら、ど
んな進路をたどっただろう。

　学校支援活動で地域ボランティアが丁寧に生徒の勉強を指導する様子を見な
がら、時々A君のことを思い出す。

　後日談がある。高校を卒業した彼が突然、地域との協働で実施していた中学
校の「心を磨くトイレ掃除」に現れた。彼のことを心配していた教員たちは大
いに喜び、手伝いのわけを問うと、「中学校のときに散々迷惑をかけたから、
罪滅ぼしです」と言った。さらに、うまくいっていなかった母親との関係もそ
の後修復して、今は仲良くやっていると語っていた。彼は学校の応援団になっ
てくれるに違いない。このような嬉しいことが時々あるので、「人間捨てたも
んじゃない」と心が熱くなり、教員をやめられなくなる。

エピソードX-3

苦情電話 —— 導入の背景

　生徒が下校する時間になると、学校に電話がよくかかる。多いのが交通マ
ナーについての苦情だ。「危ないので注意してやってください」という内容が
多く、こちらも「ご迷惑をかけて申し訳ありません。全校集会で注意しておき
ます」と謝るのだが、まれに「学校は一体どんな教育をしているのか」と怒り
を含んだ電話がある。よほど危ないことを生徒がしたに違いないと、生徒の容

姿や危険な行為など具体的に聞こうとすると、「そんなことは自分で調べろ」と叩きつけるように電話を切ってしまう。私たちが知りたいのは、「生徒に注意してくれたのか」ということで、注意がまだなら探し出して注意するし、注意が終わっていれば個別ではなく全体に注意するのだが、尋ねようとすると感情的になり大声で罵られてしまう。

赴任して間もないころ、私が受けた電話もそうだった。

「学校は一体どんな教育をしているのか」と、最初はむしろ抑制した感じだった。「中学生がタバコを吸ってもいいのか」と重ねて問われ、「法律違反なのでもちろん禁止されている」と答えると、「おたくの中学校の教員はどうして注意しないのか。生徒が怖いのか」とおっしゃるので、「何のことでしょうか」「今どちらにいらっしゃいますか」と重ねて問うと、「学校の前の駐車場で生徒がタバコを吸っている。誰も注意しないぞ」と、勝ち誇ったように言い、大声で学校を罵倒し始める。どうも車のなかから電話している様子なので、「すぐに伺います。詳しいことはそこで伺います」と、電話を切って職員室から走り出た。ほんの1、2分後に駐車場に到着したが、該当するような人も車も、そして生徒もいない。

保護者と話をしていると、地域の中学生が喫煙しているという話になることがある。そんなときは、注意してくれるのか問うと、「そんなことはできない。だって中学生怖いもの」と言っていた。その会話を思い出した。

あの電話は本当のことだったのだろうか。中学生が怖いからかかわり合いになるのが嫌で、慌てて立ち去ったのだろうか。それともいたずらだったのだろうか。職員室から駐車場までの距離は近いが、電話した人と学校の距離はずいぶん遠い気がした。

エピソード X-4

「斜めの関係」の始まり —— 導入の決意

X中学校でこんな経験がある。赴任してすぐのころだ。空調機器の設置工事の下見のため、業者と一緒に廊下を歩いていた。

「おい、〇〇（〇〇というのは先生のあだ名だ）」

　後ろからぞんざいな感じで声をかけられた。振り向くと、元気のよさそうなヤンチャ君だった。振り向いたとたん、「アッ、すみません」彼はそう言って逃げるように走り去っていった。業者を学校の先生と見間違えたのだ。
「かわいいものだな」業者の人はそう言って笑ったが、なかなかどうして、業者から見るとただのやんちゃな生徒でも、学校では結構手を焼いていた。この感覚の差は大きいと思った。

　生徒が規則違反を繰り返すので、保護者を呼んで注意を促しても、社会ではよくあることだと言われたり、そんな小さなことに目くじらを立てなくてもと言われたりする。特に子どもを放任している家庭の保護者に多く、生徒は保護者の同調をよいことに行動を改めない。生徒全員の安心を守るために、細かなことでも教員は一生懸命指導するのだが、その結果、しばしば生徒と対立してしまう。教員と生徒の関係が、学校という密室に閉ざされ、閉塞感が増す。今回のように、そこに社会の大人が入ると「アッ、すみません」と、一気に関係が柔らかくなる。

　こんな話もある。Ｘ中学校ではボランティアによる放課後学習支援活動を実施していた。入試を目前にした女生徒が、「確率がさっぱりわかりません。出たら（入学試験に出題されたら）どうしよう」と、暗に数学教師の教え方を批判する口調で質問していた。どう対応するのかと、心配しながら聞き耳を立てていると、その尋ねられた70歳前の女性は、「アハハ、こんなの出りゃーせん。私もわからんけど、生きてこられた」と笑いながら言い放った。その明るさにつられ、女生徒も周囲にいた生徒たちもボランティアたちも、みんな笑った。受験前の緊張感が一気に吹っ飛んだ。

　面白いのは、その後、女生徒は勉強を教えてもらうためそのボランティアのお宅に通うようになったことだ。彼女はそのボランティアを「おばちゃん」と呼んでいた。「おばちゃんと話をしていたら安心できる。」と言う。問題ができないことを恥ずかしいと思わなくても済むそうだ。「信頼できる」とも言う。いろいろな相談を正面から受け止めてくれ、はぐらかしたり、変に気を使った

りしないからだそうだ。彼女が「先生」とは呼ばずあえて「おばちゃん」と呼ぶには、理由があるのかもしれない。そして、このつながりこそが生徒たちの求めているものなのかもしれないと思った。

　学校を支援するボランティアと生徒との関係は、この「斜めの関係」そのものである。そしてその「斜めの関係」は、いろいろな人たちが、それぞれの立場で生徒のことを一生懸命考えていることを、彼らに見えるかたちで知らせるきっかけとなった。このことは、生徒たちに安心感を与えると同時に、学校教育の限界をうすうす感じていた多くの教員への励ましにもなっていった。学校支援が多くの学校に受け入れられていったのはこうした背景があるからに違いない。

エピソードX-5

始まりはゴミ拾い —— 目的の明確化と共有

　X中学校の学校支援のきっかけはゴミ拾いだった。

　地域の力を学校に導入することで学校の「荒れ」を解決したいと考え、PTAの役員と考えた結果、学校公開をすることにした。「地域の人にしっかり見てもらおう」と、公開は月曜から金曜までの1週間まるごと実施することにした。また、来校者を保護者に限らず地域住民や卒業生まで広げた。時間も授業中に限定せず放課後の部活動まで公開した。ここまで広げたのは、現在の状況が限界を超えているというPTA役員の危機感のあらわれだった。

　ほとんどの来校者は学校の様子を見て学校支援を申し出てくれたのだが、一部の来校者に問題があった。授業に参加せず徘徊する生徒の様子を写真に撮ったり、そうした後輩に先輩風を吹かして指導したりした。写真を撮られた生徒は、「あの人たちは、何のために自分たちの写真を撮ったのか」と教員に詰め寄り、先輩たちに「指導」された生徒たちは腹いせに下級生に暴力をふるうなど、良くない影響があった。教員たちは事後の指導に時間を取られ、何のための学校公開かよくわからない事態となった。

　反省すべき点が、生徒たちと話をするなかで明らかになった。それは、安心

感の欠如だった。生徒は、何のための学校公開なのかまったくわかっていなかった。教員も丁寧に説明していない。

「どうして今、学校公開が必要なのか、理由がわからないものには協力しようがない」

「いつ来るのか、誰が来るのか、どこに来るのか、まったくわからない」

「何も知らされないことは軽視されていることであり、学校に反感を覚えた」

　これがごく普通の生徒たちの声だった。学校の「荒れ」が生徒を過敏にしている。何をするにしても丁寧に説明することが大切だ、ということを肝に命じた。

　学校に平穏を取り戻す次の手立てを考えなければならない。PTAの役員が再び、「先生、私たちにできることはありませんか」と申し出てくれ、それに力を得て、教員で話し合った。「荒れ」た学校に勤務経験のある先生の「ゴミ拾いだったらうまくいくよ」の一言で次の作戦が決まった。

　正直なところ、ゴミ拾いがはたして効果があるのだろうか、直前でさえ「これで効果があるのだろうか」「学校が良くなるのだろうか」と、半信半疑だった。

　いよいよ、ゴミ拾いが始まった。期間はこれから毎日。時間は給食の前後。場所は校舎の周辺。校舎に入ってくる人はいない。活動する人は保護者の有志のみなさん。目的は、校内の美化。周知を徹底した。「きれいになれば学校が落ち着くはずだ」。2回目の失敗は許されない。生徒の信頼を失うことのないよう細心の注意を払った。

　いよいよPTAによるゴミ拾いが始まった。4時間目の授業が終わるころ、20人前後の保護者が集まり、大きなゴミ袋を持って校舎のまわりのゴミを拾っていく。なかには、生徒に声をかける保護者もいた。そして、ゴミ拾い終了後は、臨時に設けられたボランティアの部屋で、校長が用意したコーヒーや紅茶を飲みながら、その日の出来事を報告し合う。生徒は照れ臭そうにしていたとか、校舎の裏でこっそり会っていたカップルに近所の保護者が声をかけるとバツが悪そうにしていたとか、逆に保護者のほうがカップルを見るとドキド

キしたとか、ゴミ拾い終了後の報告会は話題に事欠かない。しだいに和やかな雰囲気になり、会話が弾むようになった。

　もちろん、仕事の昼休みを利用して来校する保護者は、ゴミ拾いを終えるとともに風のように職場に戻っていく。毎日、毎日、掃除をして飛ぶように帰っていく保護者に、「大変でしょう。どうして続くのですか」と尋ねると、「どうしてでしょうねえ、でも半分は意地です」とにっこり笑って答えた。地域の学校を何とかしたいという強い意志を感じた。私も教師として「何とかする」、と決意を新たにした。

　この作業が浸透するにつれ、給食を持ち出してどこかで食べて帰ってくる生徒はいなくなり、近隣からの食べ残しの放置に対する苦情は大幅に減った。また、昼食後、喫煙する生徒の数も激減した。保護者が拾ってくれるからか、ゴミ自体が以前と比べて大幅に減り校舎のまわりもずいぶんきれいになった。

　給食の前後、私は3階の渡り廊下にいることにしていた。いじめや暴力が一番起こりやすいのが給食を挟むこの時間帯なので、すぐに対応するためだ。しばらくすると、私のまわりにはいじめられる生徒たちが集まってくるようになった。教頭と一緒にいればいじめの標的にならないで済むからだ。

　そこで彼らに聞いてみた。
「PTAの人たちが、毎日ゴミを拾ってくれることをどう思う」
　返ってきた言葉に驚いた。
「なんだか安心する」
　私たちが中学生のころには保護者が学校に来ることに恥ずかしさや照れがあった。しかし、今はそうではない。保護者が学校に来ることで、彼らの学校生活に安心感が生まれている。「時代は変わっている」。このことは、私にとってちょっとした驚きであった。

　もし生徒が安心できるのなら、この取り組みを続けよう。保護者が意地にならなくても済むように、できるだけ負担が軽くなるよう組織的に取り組めばよい。そう考えた。これがX中学校の学校支援活動の第一歩となった。

心を磨くトイレ掃除（1）── 誰でもできることを誰にもできないくらい一生懸命に

　赴任して朝一番に行ったのは、各階にあるトイレの窓開けだった。X中学校のトイレは「荒れた」学校のそれだった。壁にはいたるところに穴があいていた。掃除が行き届かない便器は強烈な臭いを発しており、「目が痛くなる」臭いを初めて経験した。天井に人が通れるほどの穴があいており「何があるのだろう」とはしごを持ってきてそのなかを覗いてみると、辺り一面にタバコの吸い殻が散らばっていた。そのまわりには、ペットボトルやジュースの缶、奥の暗がりには数脚の椅子が散乱していた。誰かがトイレの天井裏に上がり、ジュースを飲んだりタバコを吸ったりしたのだろう。よく火事にならなかったものだと安堵するとともに、掃除しながらこれは大変な学校に赴任したと気持ちが重くなった。

　それでも毎朝少し早く登校して、学校中のトイレの窓を開けて回った。便器のなかにチューインガムやお菓子の包み紙、ときにはタバコの吸い殻があった。そんなときは、きれいに掃除した。こうしてトイレをきれいにしていれば学校が良くなるはずだ。祈るような気持ちで窓開けと掃除を続けた。しかし、その期待はすぐに打ち砕かれた。ある朝、出勤して目にしたのは、小便器に投げ入れられた長いタイルだった。手洗い場から引き剥がされ投げ入れられたタイルで、便器には亀裂がはいり修理が必要だった。警察に被害届を出した。こちらの一方的な期待が見事に打ち砕かれた。

　今までにたくさんの教員たちが一生懸命取り組んだ結果が今なのだ。そう考えると、状況を変えるためには、今までにない何か新しい取り組みが必要だと思った。答えを求めて、京都で行われる教育研究集会に参加した。申し込みの時点では、学校と地域の連携の分科会に出席することにしていた。ところが、研究会場に入ってみると、第1分科会に「掃除に学ぶ」と掲げられていて、トイレ掃除の分科会と書いてある。第1分科会がトイレ掃除？　面白そうなので、吸い寄せられるようにその分科会に入った。講師は車用品の販売会社「イエローハット」の会長をしていた鍵山秀三郎氏である。会場はたくさんの人で溢れていた。

ステージ近くの席が空いていたのでそこに座り、講演が始まるのを待った。

　開会のあいさつがあり、講師紹介があったのだが、壇上に講師の姿はない。「では先生よろしくお願いします」の声に、「はい」と返事をして壇上に上がったのは、私の席の近くに座っていたお年寄りだった。先生は、「私は特別な人間じゃない」と、いつも客席から登壇するそうだ。人柄が滲み出るような笑顔で講演された。

　内容は明快だった。

「私は何か人様の役に立つ人間になりたいと思いました。でも、取り柄が何もない人間ですから、できることはあまりありません。だから、誰でもできることを、誰も真似できないくらい徹底的にやることにしました。何ができるか考えて見つけたのが、トイレ掃除なのです」

「みんながやりたくないトイレ掃除を、誰もできないくらい一生懸命やれば人の役に立てるでしょう」

「自分のなかで、他の人ができないような何かを見つけるには時間がかかります。私にはそんな時間はありませんから、誰でもできることを、誰にもできないくらい徹底的にやることにしたわけです」

　私は、これだと思った。学校を変えるにはこれくらいインパクトのあることが必要だ。たくさんの生徒が集まってトイレ掃除をする姿や、掃除を終えたあと、みんながさわやかな笑顔で語らう光景を想像した。希望が湧いてきた。

エピソードX-7

心を磨くトイレ掃除（2）—— 自分たちの力で運営に挑戦

　鍵山氏のグループの支部が私たちの県にあると紹介され、さっそくその支部に連絡をとった。どんな掃除道具が必要でどこに売っているのかなど、学校でトイレ掃除を実施する方法について詳しく教えてもらった。さらにボランティアの募集方法やグループ分けなど細かく質問をしていたら、「よかったら来られませんか」とトイレ掃除に誘っていただいた。百聞は一見に如かず、参加することにした。

集合場所はK市内の中学校だった。早起きして学校に向かう。中学生も多数参加していて、全体では200人を優に超える大規模な掃除だった。私は、たまたまその中学校の野球部の生徒2人と同じ掃除場所になった。二人はバッテリーを組んでいるそうだ。便器を手で直接磨くと聞いてためらっていた。実は、私も同じ思いだった。ビニール手袋をしているとはいえ、手を直接便器に入れるのをずいぶんためらっていたが、やがてピッチャーの生徒が、
「やるしかないか。よーし、やるぞー！」
と大きな声を上げて、便器に手を突っ込む。すると、キャッチャーの生徒も「オー！」と声を出して掃除を始めた。最初はこわごわ、腰が引けていたが、やがて磨くことに夢中になり汗が吹き出すころには、「邪魔だ！」と、すり切れたビニール手袋を脱ぎ捨て直に手で磨き始めた。

　1時間ほど磨くと、便器が見違えるようにきれいになった。別の学校かと思えるほどトイレがきれいになった。私も中学生に力をもらい、時間を忘れ便器磨きに夢中になっていた。終わったとき、何もかもが変わって見えた。

　善は急げ。2学期からトイレ掃除を始めようと思った。「磨いて、磨いて、磨いて、流した汗の分だけ学校が好きになる」をスローガンにボランティア募集のチラシを作った。

　希望というのはすごいもので、計画しただけでもう学校が落ち着くような気持ちになっていた。

　しかし、はたしてみんなが来てくれるだろか。
「どうしよう誰も来なかったら」と弱音を吐いていたら、教務の先生が、
「大丈夫ですよ、少なくとも僕は来ますから」と言ってくれた。
「2人いれば何とかなるだろう。（僕を）一人にしないでくれよ。」と、念を押して準備を進めた。

　2007年9月18日、集合時間は早朝7時15分。ボランティアが来てくれるか心配で、集合時間のずいぶん前に登校した。1人、2人と生徒が登校してきた。数えてみると、103人。先生たちも21人が参加してくれた。善意の生徒や教員が、こんなにたくさん来てくれた。そのことが何とも嬉しかった。この

中学校も捨てたものじゃない。心からそう思った。だから、開会のあいさつでは、「君たちは善意の結晶だ。君たちを中心にして、この中学校を変えていきたい」と、呼びかけた。その日の掃除は実に爽快だった。みんなが黙々と掃除をした。トイレがみるみるうちにきれいになっていった。黄ばんでいた便器は真っ白に、

写真4　心を磨くトイレ掃除

こもっていた臭いもさわやかなものに変わった。その変化に、掃除した生徒たちも驚いていた。やり遂げたという達成感やその場に居合わせたという満足感、いろいろな思いがあったに違いない。みんな笑顔だった。

　さっそく全校集会で生徒にその取り組みを報告した。その日を境に、トイレでのトラブルを聞かなくなった。タイルを剥がすことはもちろん、時折あったトイレでの暴力もなくなった。朝の見回りを続けていたが、タバコもしだいに減り、1年経つころにはほとんど見かけなくなった。

　次のトイレ掃除には参加したいという生徒の申し出があったので、申込書を作り事前にトイレを割り当てることにした。また、掃除道具を準備・点検したり、使用した道具をきれいにしたりする「トイレ掃除実行委員会」を立ち上げ、委員を募集したり、組織をつくったりと、忙しい日々が始まった。そのころ、自前の組織をつくってトイレ掃除をしようという中学校は県内にはなかった。すべてが新しく、実行委員の生徒たちと話し合って、日程や掃除の段取り、割り当てや説明の仕方など、一つひとつを話し合って決めていった。

　会の名称も、「磨くのは便器だけじゃない」「大切なのは気持ちだ」などと意見が出され、話し合いの結果「心を磨くトイレ掃除」となった。自主的な組織が結成され生徒が活動を始めた。トイレがきれいになるにつれ、学校が落ち着きを取り戻し始めた。

　トイレ掃除を始めて1年ほどしたとき、実行委員が作った「心を磨くトイレ

掃除新聞」の呼びかけ文を紹介したい。

> 　私たちは心を磨くトイレ掃除実行委員会です。毎月行ってきたトイレ掃除は今回で11回を終えました。そしてとうとう参加人数も1000人を突破しました。これはとても嬉しいことです。最初は人数が少なくて、校内放送で呼びかけたり、チラシを配ったりしました。最初少なかった参加者も今では増え、実行委員会もできました。新しい実行委員会も結成され、これからも中学校の「心を磨くトイレ掃除」が続くことになり、とても嬉しく思います。
> 　いい学校でなければ1000人もの人がトイレ掃除に参加してくれないと思います。以前は、まわりの人からあまり良く思われていなかった学校ですが、トイレ掃除のおかげでずいぶん変わってきたと思います。私はこのような会の実行委員をできたことをとても誇りに思っています。

エピソードX-8

キーパーソンとの出会い ── 学校と地域を結ぶコーディネーター

　コーディネーターのFさんとの出会いは、学校支援地域本部事業が始まる5年ほど前のことだった。そのころ私は別の中学校で教員をしており、理科の授業で環境教育を行っていた。ミミズを使って生ゴミを肥料に変える実験やゴミの出ない生活などを考える、といった授業である。空き時間を見つけては、世界や国内の環境保護の動向を伝える教材や環境教育の教具などを環境団体の人たちと考えていた。その団体の人からFさんを紹介してもらった。気さくな人柄、人を引き込むような笑顔、そのうえしっかりした考えをもつ信頼できる女性、それがFさんの印象だった。いつかお世話になるのではという予感がした。

　X中学校のPTAによるゴミ拾いが佳境に入るころ、次のPTA会長から「文部科学省が学校支援地域本部事業を行う学校を募集している。中学校の応募が少ないらしい。委託事業になるようなので審査に応募してはどうか」と、提案があった。PTAによるゴミ拾いは着実に効果を上げ、校内の雰囲気が変

わりつつあった。その一方で、PTA に大きな負担をかけているこの実践をど
う収束させるかが課題となっていた。いつまでも PTA の「意地」に頼ってい
ては申し訳ない、何か組織をつくって保護者の負担を軽減したいと思っていた
から、この申し出は渡りに船だった。

　すぐに校長に相談に行った。学校支援地域本部事業を導入するメリットとし
ては、①学校に学校の外からの力を導入することで、生徒が安心して学校生活
ができるようになること、②現在行っているゴミ拾いなど PTA の負担が軽
減できること、③生徒の地域に対する意識が変容し地域変革の原動力となるこ
と、デメリットとしては、①人選によっては混乱が予想されること、②地域と
学校を結ぶ人材がいないこと、③教員に今まで以上の負担をかけてしまうこと
などが考えられると報告し、判断をお願いした。そのころ、地域本部事業は文
部科学省から県教育委員会への委託事業だったので、「応募してみましょう」
ということになった。「地域と学校をつなぐコーディネーターが成否の鍵にな
る。誰かいい人を知らないか？」校長に尋ねられ、そのとき頭に浮かんだのが
F さんだった。

　さっそく校長と一緒にお宅までお願いに行った。地元で古くからある旅館の
おかみさんとは聞いていたが、現在は区長会の取りまとめ役もされていて、学
外から支援をお願いするにはもってこいの人であった。コーディネーターの役
割内容を説明しお願いすると、「私でお役に立てれば」と即決であった。

　話がトントン拍子で進むので心地良い。校長といい、コーディネーターとい
い、良い人たちにめぐり合えた。「これはきっとうまくいくに違いない」と確
信した。

　実際、コーディネーターの F さんにはいろいろな面でとてもお世話になっ
た。学校支援の一環として部活動支援をやろうとしていた。何ができるか模索
しているときでもあったが、地域の人から「○○なら指導ができる。部をつ
くってほしい」という申し入れが届いた。せっかくの申し出だが、新しい部活
動指導に割ける人員はいない。気持ちを無駄にしないようお断りするためには
F さんの人脈が役に立った。

X 中学校では、放課後や土曜日に地域の人が生徒に勉強を教える学習支援部、学校の畑に種をまいて花や野菜を育てる環境整備部、各クラスに読み聞かせを行う読み聞かせ部、登下校の安全を見守る登下校安全指導部、地域の祭りやイベントに生徒の参加を促す地域連携部が設けられた。100 人を超えるボランティアが集まり大きな組織となったが、その人たちをそれぞれの所属を決める必要があった。そこでも F さんに、地域の人間関係を考慮して、部会分けに協力してもらった。

　こんなこともあった。学校の環境整備が順調に進み、地域の人が学校近くの畑を耕作用に貸してくれた。みんな大喜びで草を刈り、それを燃やして灰にして、肥料として畑にまいた。ところがその煙が辺り一面に立ち込め近所のみなさんにずいぶん迷惑をかけたそうだ。お詫びに行ったほうがいいと学校近くに住む人に言われ、F さんに相談すると「その件ならもうお詫びに行ってきました。もう大丈夫です」。その情報をキャッチする能力と行動力には舌を巻いた。地域の人と学校を結ぶ人が必要だとは思っていたが、この件でコーディネーターの重要性を改めて痛感した。

　F さんの話には後日談がある。F さんには国立大学で教授をしている妹さんがいる。土曜日の放課後、地域のお年寄りが中学生の勉強をみているということを聞いて、教育心理学の専門家たちとともに調査にやってきた。以後、学校支援についてアドバイスや調査をお願いした。

　いろいろな人的資源の集積はさらに集積を生み、先駆的な取り組みに湧き起こる課題への対処法を考案していく。この場合も専門家の提案で、成果を可視化することに取り組み、私たちの学校支援地域本部事業は大きく進歩することになった。何はともあれ、今から 17 年前の F さんとの出会いがすべての始まりだ。そう考えると感慨深いものがある。

エピソードX-9

幹を大切に —— 生徒を理解しようとすることが教員や生徒を守る

　私が X 中学校に赴任したとき、一緒に異動してきた教師たちはその大半が

講師だった。講師にもいろいろな年齢の人がいるが一緒に赴任したのは、大学を出たばかりで研修を受けていない教師の卵たちだった。

　新任式が体育館で行われ、全校生徒に新任者が紹介された。横一列に並ぶと講師でステージがほぼ埋まった。体育館のステージが講師で埋まるのだから少ない数ではない。生徒指導が困難なこの中学校へ経験のない講師を送り出すことは、たとえが物騒で恐縮だが、いわば丸腰で兵士を戦場に送り込むようなものだ。クラス数の急増でやむを得なかったのだろうが、教育委員会もよく決断したものだと思った。その一方で、この先生たちに辛い思いをさせないよう、教師という仕事に嫌気がさして辞めることがないよう、何とか守り抜くぞと自分に言い聞かせた。

　不安は的中した。緊張感のあった始業式からしばらくして、6月に入り暑くなるころ、生徒たちの教師たちに対する値踏みが始まった。生徒は教師の授業の規制を緩めようとギリギリを試す。ノートをとらない、授業の用意をしてこないに始まり、席を変わる、教室内を歩き回るなどと、だんだんエスカレートする。やがて、勝手に教室を飛び出す、他のクラスに潜り込むなど、あらゆる方法で教師たちを試すのだ。

　ベテランの教師は適当に流すのだが、講師の先生たちはそうした生徒たちを教室に留めようと一生懸命頑張っていた。飛び出る生徒がいたら追いかけ、戻るように説得していた。何度も飛び出る生徒を追いかけては説得し連れ戻していた。その根気強さに頭が下がる思いだった。

　だが、教室に残されている生徒たちに表情がないことに気がついた。冷たい目をしていた。飛び出る生徒を面白がって囃し立てるわけではない。かといって、いい加減にしてくれと怒るわけでもない。何とも白けた目をして教師を見ていた。自分で教科書を広げ自習をしている生徒もいた。

　信頼を失っている、期待もされていない、そう感じた。目の前の教師が信頼できない、学校でこれほど悲しいことはない。

　教師たちに「教師は連帯して、幹を大切にしよう」と話した。学校で問題行動を起こす生徒数は、全校のわずか1%ほどだ。残りの99%の生徒は、学校生

活に真面目に取り組んでいる。いわば学校の幹である。その生徒たちの信頼を損なうことのないよう気をつけようという意味だ。

　体育会では、応援合戦やクラス対抗リレーなどで元気のいいヤンチャ君たちが活躍をする。教師はそれを「よく頑張った」と褒める。だが、教師の思う「彼らなりに」頑張ったは、他の大多数の生徒には理解できず、褒めることで逆に信頼を損なう場合がある。状況によって価値観を使い分ける、大人の社会の二重基準（ダブルスタンダード）は生徒に理解は難しい。「自分たちだって頑張ったのに、どうして先生は褒めてくれず、『ヤンチャ』だけを褒めるのだ」と考えてしまう生徒は大勢いる。そのことをまず理解しようと呼びかけた。

　そして、具体的なマニュアルを示した。たとえば、授業を抜けて出て行く生徒がいたら制止はする。無視をすることはかえって彼らを傷つけることになるからだ。しかし、それを振り切って出て行ったら、「授業を中断して追うようなことはしない。残りの生徒たちを大切にして授業を続けよう。出て行った生徒を追うのは、職員室にいる先生たちで手分けをして行うことにしたい」と提案した。また、授業を放棄した生徒を連れ戻したあとは、その時間は教室に戻すことをせず、しっかりと指導を行う。当然その授業は欠課として出席簿に記録し、懇談などで保護者に伝えることなどを提案した。

　また、授業中の私語などで注意されて、生徒が怒って暴言を吐き挑発をしてきたときは、冷静に対処しよう。口論になりエスカレートすればするほど先生に逆らう「ヒーロー」になれるわけで、それは彼らの望むことでもあるので、決してそのような挑発に乗るまい。冷静に「あとで職員室に来なさい」と、許してはいないことをまわりの生徒にアピールし授業を続けることも提案した。ルールは文書にして職員会議で配付し徹底した。これが「幹を大切に」という考え方である。

　具体的な対処法を示して、地道に取り組んだ結果、若い先生たちの心理的負担感が軽減し、愚痴を言う余裕が生まれ職員室に活気が戻ってきた。この余裕は、生徒の学校生活の安全・安心感を向上させ、学校支援地域本部導入の下地となった。

公園の橋をかける ── 学校が生徒を地域につなぐ

　トイレ掃除など、ボランティア活動と地域との連携で学校を立て直す方向性が見えてきた。学校と地域との窓口を教頭とコーディネーターで務めることにした。そうすると、地域から孤立していた学校がずいぶんと変容した。最も大きな変化は、苦情電話の減少だった。また、中学生を褒めてもらうことが増えた。きちんとヘルメットを被って登下校する生徒が増えたとか、登下校ですれ違うときのあいさつが気持ち良いなど、生徒の良い変化を電話や地域の会合などで学校支援に関係した人たちが発言してくれるようになった。もちろん、褒められた内容は生徒たちに全校集会で伝えた。すると同じことをする生徒がさらに増えて、好循環になった。

　中学校の変容が徐々に地域社会に伝わるようになり、地域の活動に参加要請がくるようになった。最初のリクエストは、学校の近くにあった自然公園の整備だった。地域の人たちが雑木林の一部を切り拓き、散歩道を作っていた。そこの小川にかかる橋が古くなり危険なので、かけ替えを中学生に手伝ってほしいという要請である。

　当日は、生徒の出足が悪く心配したが、作業開始時には20人ほどの生徒が来てくれ、作業が順調に進んだ。

　地域の人と一緒に古くなった板材を取り除き、新しい板材を張り付ける。小川にかかる橋といっても板材もそれなりに重量があるので、安全第一である。一人では到底持ち上げることができない木材を、みんなで声を揃えて取り除き、新しいものに替えた。地域のお年寄りが嬉しそうだった。作業はハードで疲れたけど、人の役に立ったという意識が気分を高揚させ、みんな達成感に満ちた笑顔だった。

　作業を終えて片付けていると、コーディネーターのFさんが、カレーライスの用意ができたとエプロン姿でやってきた。とたんにみんなの顔が輝く。
「おかわりある?」「3杯食べてもいい?」
「何杯でもどうぞ」と言われると、中学生たちは喜びを全身で表現しながら、

食事が用意してある公民館に走っていった。

　地区の公園の橋の修繕が文字通り、中学校と地域社会との橋渡しとなった。これ以後、地域との協働が少しずつ浸透するようになった。また、カレーライスはもちろん、寒い季節には豚汁がX中学校ボランティア活動後のご褒美の定番となった。

エピソードX-11

最初の本格的地域貢献 ── 人に頼りにされることが生徒の自己肯定感を育てる

　環境整備事業が少しずつ浸透していった。学校に相談すると中学生に声をかけてもらえることが地域に伝わり、地域から中学生ボランティアの申し出が増えた。地域の人たちは、最初生徒だけの活動に不安があったようだが、やってみると中学生は意外としっかりしていることが口コミで伝わり、申し込みが増えるようになった。

　最初の本格的な地域貢献は溝掃除だった。学校裏の用水路は大雨が降ると排水が追いつかず一帯が水浸しになっていた。この用水路を地域で掃除しようということになり、地区の役員が学校に声をかけてくれた。

　地区の人と生徒と一緒に下見をしてみると、用水路というよりは溝だった。ほぼ砂で埋まっており、30cmほど掘ってみたが、底はまだまだ深そうだった。これは大変な溝掃除になるなと心配したが、地域からもたくさん人を出すと協力を約束してくれた。なるほど、地域と学校が一緒なら、地域の人も中学生も頑張るだろう。相乗効果で案外うまくいくかもしれないと思った。

　当日は快晴、絶好の作業日和だった。砂を掘る者、運ぶ者、砂を捨てる者に分かれて作業開始。作業は用水路に溜まった砂を掘り、土嚢に詰める。その袋を一輪車に積んで待機している軽トラックに積み込み、近くの埋立地に捨てる。その繰り返しだ。

「ありがとう」「若いから元気があるなあ」「本当に助かる」

　地域の人たちの褒め言葉が彼らを力づける。張り切って、どんどん溝はきれいになっていった。しかし、お昼が近づいてもまだ終了のめどはたたない。褒

め言葉をたくさんもらい張り切った分消耗も早かったのだろう、しだいに疲れてきて無口になる。掘っても、掘っても、用水路の底が見えないことに、焦りと苛立ちの声が出始める。

「どこまで深いのだ。底が見えん」

　気分転換が必要だと思ったのだろう、軽トラックの運転手が、生徒に「乗るか」と声をかけた。生徒たちは大喜びで荷台に積まれた砂の上に飛び乗り立ち上がった。汗まみれの顔に、風が当たり心地良いのだろう。満面の笑顔だ。歓声を上げたり、作業を続ける生徒たちに手を振ったりしていた。

　このあたりが限度と判断したのだろう。作業はまだ終了していなかったが、コーディネーターのFさんから定番のカレーライスの呼びかけがあると、生徒たちは嬉々として公民館に走っていった。

　結局、最後まで残って仕上げたのは地域のみなさんだった。それでも、中学生は自分たちが貢献できたことに笑顔満載。お腹もいっぱいで幸せそうだった。

　ボランティアに参加した生徒は、勉強も今ひとつ、部活動でも輝く場面の少ない生徒が多かったが、本当に嬉しそうだった。地域に貢献するということ、人に頼りにされることが、これほど中学生を幸せにするのか。改めて地域と協働することの大切さを痛感した。地域の人たちの褒め言葉とカレーライス、これらの効果は絶大なものがあった。

■エピソードX-12

失敗から学ぶ —— 組織の重要性

　今でこそ、学校支援の導入時、学校や地域の特性に合致したものにデザインできるかが成否の決め手であると言い切れる。しかし、学校支援活動を始めたばかりのX中学校では、失敗を恐れずとにかく前に進もうと、地域の力を学校に導入することに前のめりになっていた。

　失敗のひとつに部活動支援がある。それまで教員の部活動に対する負担感をたびたび耳にしていた。部活動の指導で、生徒が日に日に上手になっていく姿に、何ものにも代えがたい喜びを感じる教員もいれば、苦痛の種と感じる者も

いる。教員によっては、自分が経験したことのない競技の部活動を任され、土曜日も日曜日も試合に駆り出され、顧問教員が一人だと責任が重くのしかかる。特に、小さな子どもをもつお母さん先生たちの声は悲痛だ。

　この状態を改善しようと、学校支援活動のひとつに部活動支援を加えようとした。ボランティアを募り、どのような部活動が指導可能かコーディネーターに調べてもらったのだが、これが拙速だった。漠然と部活動の支援というだけで、技術的な指導の支援なのか、練習試合のバスの手配やその交通費の集金といった事務的な支援なのか、その方向すら定まっていないなか、調査だけが先行した。

　調査後、部活動の顧問たちに集まってもらい部活動支援について話し合いをもったのだが、最初からその会は紛糾した。一番心配したのは、野球やバレーボールなど地域で盛んな部活動の顧問たちだった。複数のスポーツ少年団の指導者たちが中学校の支援を申し出たとき、どの指導者に依頼するかが微妙な問題になることを顧問たちは危惧する。指導者同士の人間関係によっては、人間関係がうまくいかなくなると心配するのだ。そもそも部活動支援の目的は何なのか。明確な指針を示して始めるべきだ。学校の明確な方針を示さないと顧問だけでは説明できないと手厳しい。結局、生徒の混乱を防ぐために部活動支援の導入は見送ることにした。右往左往して無駄な労力を割き、地域コーディネーターにも迷惑をかけたが、生徒たちの混乱を考えると時期尚早だったと思う。

　この取り組みから学んだことは、組織の重要性である。支援が必要かどうか、指導する教員の意見、望ましい形態などをあらかじめ検討する組織の必要性を痛感した。こうした失敗を経て学校支援地域本部が組織され、その実行委員会が事業の成果を吟味し、次年度の計画・立案、今後の見通しについて生徒や保護者、教員などに説明する現在のかたちが確立した。

第**3**章　Y中学校での発展と模索

オートバイ闖入事件 —— 爆音だけを残して去った卒業生に思うこと

　校長としての転任が決まり自分が新しく勤務する学校はどこだろう、内示を
もらうまでずいぶん気になっていた。あの学校になったらこうしよう、この学
校ならああしようなどと対策を考えていた。自分が赴任したとき、誰に相談す
るか、誰の力を借りるかに考えをめぐらせているのだから、ずいぶんと意気地
のない校長だと自嘲していた。

　やがて、Y中学校に赴任という内示をもらい、学校の情報を集めることにし
た。妻が以前勤務していた中学校でもあり、町の人たちのことをよく知ってい
ることはありがたかった。

　赴任するとすぐにいろいろな人たちが中学校にやってきた。何よりも嬉し
かったのは、私の高校時代の同級生がたくさん校長室にやってきて、昇任を
祝ってくれたことだ。そのなかには議員をしている同級生やこの町の出身者も
幾人かいた。少なくともこれだけの味方はいると心強く思った。

　たくさんの来訪者が口にするのが、過去にあった他校との暴力事件だった。
概要はこうだ。ある部活動の対外試合をきっかけに生徒同士が挑発し合うよう
になり、学校近くの神社で暴力事件となった。口先だけで挑発していたものが、
エスカレートし電話で友人に加勢を頼むようになり、引くに引けなくなって大
きな事件となってしまった。マスコミが報道することになり、静かな町が大騒
ぎになったそうだ。「安心して子どもが通学できる学校にしてほしい」という
私に対するメッセージだと感じ、闘志を燃やした。

　赴任してすぐ、オートバイのけたたましい音が校内に轟いた。排気音が大き
くなるよう改造したオートバイが学校に乗り入れてきたのだ。それが、校長室
のすぐ近くにまで乗り入れて空吹かしするものだから、驚いて様子を見にいっ

た。すると、まだあどけない若者が何か怒ったような顔をして校舎に入ろうとしている。

「誰だ。何か用か」と問いかけたが、無視して土足のまま校舎に入っていく。慌てて前に回り、「校内に入るには許可が必要だ。名前と用件は何だ？」と問うと、「お前は誰だ？」と問うので「新しい校長だ」と答えた。しかし、制止を振り切って校舎のなかに入っていくので、教員に応援を頼むとともに、警察に連絡をした。教員たちから後に聞いたことだが、あの他校との暴力事件に加わった生徒の一人だそうだ。事件の報道後、近所に噂話が広がり、本人は「もうだめだ。進学できない」と思い込み投げやりになり、高校に進学しなかったという。

　警察に連絡をしているあいだにどうなったかと校内で彼を探していると彼をよく知っている教員が対応しており、もう帰ろうとしているところだった。「悪いが警察を呼んだ。卒業生が校内に入るには許可がいるのだ」と説明したが、やはり無視をしたまま、爆音を残して学校から走り去った。

　あのオートバイの彼は二度と学校に来ることはなかった。彼の訪問は何だったのだろうか。ひょっとすると何か相談ごとだったのだろうか。教育者としてはもう少し話が聞きたかった。

S川クリーン作戦 —— ほろ苦い地域連携デビュー

「S川クリーン作戦」という環境整備活動がY中学校にはあった。学校のすぐ前を流れる川を、全校生徒で清掃するという学校行事である。

　しかし、このクリーン作戦を議題にした職員会議のやりとりを聞いていると、教員たちはこの活動に対して乗り気ではなく、何とか縮小、できれば廃止したいという意図が感じられた。理由は、指導する教員の不足である。ここ数年、生徒数減少に伴い教員の数は減り続け、清掃箇所を削減するなど活動の見直しを続けたが、すでに限界を超えているというのだ。

　私には、長年続いているY中学校の特色ある活動を終了させる決断ができ

なかった。結局、「可能な範囲でやってみましょう」と計画を実行することにした。身近な河川を中学生の手できれいにするという「S川クリーン作戦」は、始めた当時は、教育の時流に乗っていて勢いもあったはずだ。しかし、Y中学校の職員会議の様子を見るかぎり、形骸化しその意義とか熱意といったものは失われているように感じた。だから活動に手を加える必要性を感じる一方で、教員たちのモチベーションの低さが気になった。もちろん、厳しい環境の学校に配置されるのは実力のある教員である。にもかかわらずこの疲弊感は何だろう。疑問に思った。

　この学区は、古くから教育に対して関心が高い地域だ。明治以前には寺子屋や民間の塾が多数点在しており教育に熱心な地域であった。明治の学制改革後、O県の南東地域に2校しかない尋常高等小学校のひとつが、この地に建設され、地域住民は誇りに感じたと、町誌に記されている。さらに、京都から著名な人物が校長として派遣され、誇りに思った地区住民はその校長退任後、大きな顕彰碑をY中学校の敷地に建立している。

　そうした地域の感情からすると、生徒の対外暴力事件は地区住民の誇りを傷つけ、学校教育に対する不信となってあらわれているのではないか、と想像した。信頼感からは勇気をもらえるが、不信感は活力を奪う。教員たちに漂う疲弊感は、地域からの孤立感ではないかと推測した。その状況を打開するためには、地域と学校を結ぶ組織の設立が必要だと考えるようになった。
「S川クリーン作戦」に地域の助けを借りたらどうかと職員に提案したが芳しい返答がなかった。集合場所の確保や準備期間の短さなどたくさんの問題点が指摘された。とりわけ、活動中の事故対応への不安には反論が難しいと思ったが、結局事故対策として参加する人にはボランティア保険に入ってもらうことで、会議の了承を得た。職員に地域からの学校支援を体感してもらいたかったので、多少強引ではあったが地域との連携を開始することにした。

　何かあったらすぐに対応できるように、私は学校近くの川の清掃活動に参加した。地元の旧友が手伝いにきてくれたので、一緒に川に入りゴミを拾っていた。すると、上流から木製の電信柱が流れてきた。こんなものが橋にでも引っ

かかったら、橋が壊れてしまう。水を吸って重くなっている電柱を岸辺に引き上げることは危険だったが、生徒と地域ボランティアが協力して何とか岸辺に引き上げることができた。処分については友人が市役所に連絡してくれた。

生徒はたくさんのゴミを拾い地域に貢献したと意気揚々と引きあげ、私も職員に「電信柱を引き上げたぞ」と自慢していたら、「子どもが怪我でもしたらどうするのですか」と叱られた。たしかにその通りなのだが、「少しは評価してよ。頑張ったのに」とつぶやくと、「危機管理は最重要課題」とにべもない。最初の地域連携は、ほろ苦いものとなった。

このとき、私が叱られた女性教員が後に一番の協力者になるのだから、人間は面白い。以前、「どうして協力してくれるようになったのか」と尋ねたことがある。すると、「校長はいつも一番に生徒のことを考えて頑張っている。だから放っておけなくなって」と言った。校長冥利につきる。その後、この先生がいろいろと調整してくれるようになったので、若い先生たちが安心して提案ができるようになり職場の雰囲気が明るくなった。

エピソードY-3

地域の人の不安 —— 本音で直接話す努力

少しでも早く学校運営協議会や学校支援地域本部を立ち上げようと、準備に走り回っていた。コーディネーターになってくれる人を探していろいろな人と会ったり、協力してくれそうな人の家に出向いて説明したりしていた。そのようななか、私は地元の有力者に呼び出された。「どうしよう」と、地元の友人に聞いたところ、「会っておいたほうがいい」と言うので、約束した場所に行った。

そこには自分よりかなり年上の３人の男性がいた。「学校支援か。いい取り組みを始めたな。全面的に協力しよう」と応援してくれるのかと期待しながら訪問したが、そうではなかった。

話はこうだ。

「校長は中学校に地域のボランティアを入れようとしていると聞いたが、本当

か？」

「前の学校で大きな成果が出たのでここでもやってみようと思います」

　すると、「前の学校のことは知らないが、この地区にはボランティアの組織があることは知っているか」と言う。

　以前に小学校にあったボランティア組織のことだと思った。教育に関心の高い地域だから、全国に先駆けて学校を支援する組織があったことを友人から聞いていた。ただ、現在は活動を休止しているということだった。

「小学校に組織があったことを聞いています。でも、中学校にはないと聞いています。中学校は困難な状況です。力を貸してください」と頼んだ。

するとその要望に返答はなく、

「よく考えてやってもらいたい。いろいろ新しいことを始めるとあとには戻れないからな」

　まるで失敗するような言い方に聞こえたので多少腹は立ったが、相手の言い分を考えてみた。新米の校長がやってきて、新しい組織をつくり、地域を巻き込んで学校支援を始めようとしている。いつまでいるかわからない新米校長が地域を引っ掻き回して、その挙句転勤では地域としてはたまったものではない。そのために釘をさしているのだと気がついた。

　地域の人に呼び出されたことは、自分を奮い立たせた。失敗は許されない。必ず成果を出すと誓った。そこで、いろいろな人たちに自分の考えを説明して回ることにした。

　友人に、地域に最も影響力があるのは誰か問うと区長だという。校区内の区長は全部で 27 人。そのすべての人と直接話すことが必要だと考えた。しかしこの地域は山間部が多く道が複雑に入り組んでおり、簡単ではないと弱音を吐いていたら友人が一緒に回ってくれるという。持つべきものは友だ。

　区長たちと直接話をしてみると、中学校の教育に不安をもっている人がたくさんいることがわかった。「自分の孫が入学するまでに、中学校を落ち着かせてほしい。そのためには全面的に協力する」と約束してくれる区長がいて心強く思った。やはり、直接本音で話すことが大切だと思った。

学校教育に関心を示してくれる区長とはしだいに懇意になった。また、彼らは、地域代表の声やＹ町の声を届けてくれるようになり、こうしたたくさんの声は学校の方針を決定するうえでとても重宝した。区長の協力は環境整備などで大きな力を発揮し、Ｙ中学校改革の大きな原動力になっていった。

エピソードＹ-4

整列した軽トラックと響き渡る草刈機のエンジン音 ── 環境整備の始まり

　Ｙ中学校は、Ｓ川と隣接する山間に建てられている。敷地を広げるために山裾を削り、そこに３階建ての校舎が建っている。

　赴任してすぐに、学校のすぐ近くに住んでいるＨさんが学校にやってきていろいろと地域の歴史を聞かせてくれた。以前は議員をしていて、教育行政についても豊富な知識を披露してくれた。

　彼が私に一番に言ったのは、「学校裏の祠にお供えを絶やすな」ということだった。お参りを怠ると、Ｔ山事件のようなことが起こると言う。地域住民の話題になった例の暴力事件のことだ。地元では、事件の起こった山の名前をとってそう呼ばれるらしい。お供えは困る。教育に宗教は持ち込めないと説明したが、しかし、どんなものか見たかったので、案内してもらった。

　学校の裏山に行ってみると、立っていられないほどの急斜面で、草がうっそうと茂っていた。斜面の下方はコンクリートで固められていて、崩落を防いでいた。その斜面の上方に祠はあった。幅30cmほどの小さな祠があり、その前の平らな石にみかんがお供えしてあった。まわりは刈り込まれているものの、辺り一面は草におおわれており、見落としてしまいそうな小さな祠だった。

　この斜面は、山からの水が滲み出ていて夏は涼しくていいのだが、大雨が降ったときなどは、大丈夫かと心配するほどの土砂が流れ落ちる。生徒棟の２階廊下の窓からは、この斜面が真正面に見えた。「祠にお参りせよ」とは、常に環境に目を向け整備をせよとの忠告と理解した。

　６月の体育会に向けて、地域の人たちが環境整備を手伝ってくれることになった。草だらけのグランドでは生徒も元気が出ないだろうとの地域住民から

の申し出だ。Y中学校は敷地が広く自然環境が豊かだが、近年、教員数が削減され環境整備に手が回らない状態だった。「先生たちは生徒の指導をしっかりやってください。学校のまわりは地域の人たちできれいにしますから」と申し出てくれたときは本当にありがたかった。しかし、地域の人と一緒に作業することこそが重要だと考えていたので、学校と地域の協働作業として、環境整備を行うことにした。

その日は薄曇りで、絶好の作業日和だった。少し早めに登校してグランドを見ていると、保護者や区長たち、地域の人たちが次々と草刈機を積んだ軽トラックで学校にやってきた。十数台の軽トラックが運動場に整然と並んだ姿は圧巻だった。整列した軽トラックはこの地域の人たちの教育に対する関心の高さを象徴していた。

地域の人たちが生徒とあいさつを交わし、環境整備が始まった。一斉に響き渡る草刈機のエンジン音が心強い。手作業で草を刈る人や草刈機を操作する人、刈られた草をトラックに積み込む人、そしてその草をトラックで運び捨てる人。この日のために草を焼却する場所を提供してくれた人がおり、そこに刈られた草が次々と運び込まれ、焼却された。すべてが整然と行われ、学校がみるみるうちにその姿を変えていった。

先ほどの斜面にも数人の地域の人たちが向かい、作業を開始した。上方の樹木に命綱をつなぎ、草刈機とともに斜面に降り立つ。斜面の下には、ブルーシートを敷き詰め、そのシートに向かって刈り取った草を落としていく。刈った草がどの方向に落ちていくか計算したうえで、草刈機を回している。動きに無駄がない。

「この辺りの年寄りは草刈りばっかりしとるから」

謙遜してHさんはそうおっしゃるが、なかなかこの域に達するのは容易ではないと感じた。驚くほど短時間でうっそうとしていた斜面はきれいに刈り込まれ、祠も現れた。

農業を営む人たちは作業をしたあとがとにかくきれいだ。刈り残しはないし、刈った草の後始末も見事だ。道具もきれいに掃除して片付ける。生徒は草を集

めたり運んだりするのだが、みるみる姿を変えていく学校を見ながら「すごいねえ」「あっという間にきれいになった」とつぶやいていた。

　あとから聞いた話だが、区長のなかには中学校が環境整備をすると聞いて、地域の人に参加を呼びかけてくれたそうだ。たくさんの人が環境整備に参加し、学校がわずか２時間ほどで見違えるほどきれいになった。整備されたグラウンドで体育会を成功させたいという地区住民の願いを生徒は感じとり、体育会はいつもに増して力強いものになった。

 エピソードY-5

生徒が要望した地域の人との座談会 ── 自主的活動が学校を変えていく

　学校にはいろいろな生徒会の行事があり、生徒会中央委員が最初にあいさつを行う。Ｙ中学校ではこのあいさつの原稿は若手の教員たちが用意することが多かった。生徒に考えさせると、指導する教員の負担になるからだ。担当する若い教員の負担軽減のためであり、この中学校の生徒指導が大変だったからだと聞いた。しかし私は、自分で表現する力を身につける必要があると感じた。そこで生徒会の役員と一緒に校長室で給食をとることにした。

　生徒たちにとって初めての経験らしく、担任から給食のことを告げられたとき、「校長室で僕たちが給食を食べていいのですか」と、とても驚いたという。だから、たいそう緊張してやってきた。生徒会の役員たちに、これから自分がやろうと思う学校改革について、給食を食べながら話した。
「学校を改革して、地域の人たちが安心して子どもを預けられる学校にしたい。そのために、地域の人たちを学校に招き入れ、いろいろな活動を学校に導入するので、君たちはその活動の中核として参加してほしい」

　そして、その成否は生徒会中央委員にかかっていることを話し、これから生徒会活動をするときに気をつけてほしい三つの目標を伝えた。

　①生徒会で行うあいさつ文は自分たちで考えること。

　②あいさつは原稿を見たりせず、頭のなかに入れること。

　③生徒の代表として、言葉遣いや姿勢、態度に気をつけること。

すぐにというわけにはいかなかったが、中央委員たちは自分たちで考え、わかりやすく簡潔に表現することを心掛け、やがて自信をもって生徒たちに語りかけるようになった。

　また、事前に暗記することはかなりの緊張を強いることになったが、その緊張感は聞く側の生徒にも伝わり、生徒会の発表に興味をもって聞く生徒の増加につながった。

　このような取り組みを通して、中央役員の発する「学校を良くしよう」というメッセージはしだいに自信に満ち、活動に結びつくようになった。それ以後も毎学期校長室で会食し、生徒会主催行事の企画を練ったり、その反省会を行ったりした。また、中央委員だけでなく3年生全員と給食を一緒に食べることにして、日頃感じていることや学校に対する意見も聞き、学校のホームページで公開した。

　交流を積み上げることで、生徒たちは自主的に考え、行動することが増えた。朝のあいさつ運動に自発的に参加するようになったり、学習支援活動への参加を呼びかけたり、部活動の友人たちを引き連れて環境整備に参加したりするなど、地域住民による学校支援活動に応えようとする動きが目立つようになった。

　生徒会が始めた自主的な活動で特に紹介したいのが、地域の人たちとの座談会である。学校支援地域本部活動が進展し、多くの生徒が参加し、地域との交流が進んだ。

　そのような状況のなかで、生徒が自分たちの活動を地域の人たちがどう思っているのか知りたいというのだ。面白いことに、地域のボランティアも学校支援の感想や今までの反省点について生徒から聞きたいと声が出始めたところだった。双方からほぼ同時に声が上がった座談会はスムーズに準備が進んだが、第1回の座談会では極度に緊張し

写真5　生徒と地域の人の座談会

た。生徒会中央委員はあがってしまい、十分にしゃべることができなかった。話題をいくつも用意してあったのだが、緊張のあまり地域住民の言葉を受け止めるだけで、次の言葉につなげることがほとんどできなかった。「だめだ。もの足りなかった！」が彼らの第一声であった。

　しかし、この座談会を経て、生徒会役員はさらに自分たちの考えを言葉にする訓練を積み、学校支援ボランティアたちに対する感謝を言葉にできるようになり、その熱意を感じた地域のボランティアたちはさらにたくさんの人々を学校に招き入れ、活発な活動が展開されるようになった。

エピソードY-6
あいさつ運動 ── 生徒の自主性が変化をもたらす

　Y中学校の学校支援活動で、比較的簡単に始動したのはあいさつ運動である。地域の人たちが長年取り組んできたものを、学校支援活動に取り入れたと言ったほうがいいだろう。

　地域の民生児童委員会が行った学校支援活動のひとつで約10年前から続いているとのことだった。月曜日の朝、民生児童委員が学校の正門に立ち、登校してきた生徒に「おはようございます」と明るくあいさつをする。委員だけでなく保護者の代表が参加する日もあり、たくさんの大人が明るいあいさつで生徒を迎える。地域が学校を支えようと一生懸命なのだ。

　生徒たちにとって、登校するのに一番力が必要なのは月曜日である。これから1週間学校に通わなければならない。大人でも気が滅入る月曜日にこうして地域の人たちが力を貸してくれることはありがたい。生徒のほうはというと、「おはようございます」と大きな声で返す元気な生徒もいれば、恥ずかしいのか目を伏せて会釈をして通り抜ける生徒もいる。そんな生徒を見て「あいさつもできんのか」と、中学校の教育に不信を抱く人もいたそうだが、今は中学生への理解が進み、そのようなことはなくなったそうだ。

　以前は学校から教員の参加者はなかったそうだ。多忙な学校を慮って、地域の方から「参加は不要」との配慮の結果と聞いた。しかし、保護者やボラン

ティアがあいさつ運動に来校するのに、学校関係者が誰も参加しないのは「何だかな」と思い、職員朝礼があるので途中で引きあげることを断ったうえでギリギリまで参加することにした。だからあいさつ運動の日は朝礼に遅れないよう、正門からグランドに沿って職員室までダッシュすることにしていた。

　ある日、生徒会中央役員が、「先生、僕たちもあいさつ運動に参加させてください」と申し出てきたので、次の週から生徒会長や副会長など中央役員7名があいさつ運動に参加することになった。

　正門の前には、横断歩道があり押しボタン式の信号が併設されている。道の反対側から登校する生徒は、この横断歩道を渡る。地域の人たちは、生徒の待ち時間が少なくなるように、登校する生徒を見計らってボタンを押してくれていた。生徒はその変わった青信号で渡り切ろうと、遠くから自転車のスピードを上げ、無理やり渡ろうとする。その様子を見ていた生徒会役員たちは、これは危険だと声を上げた。

　生徒たちの提案で「信号のボタンは自分で押そう。そして、車が止まったことをよく確認してから横断しよう」ということになった。大切なことは人任せにしてはいけない。生徒の提案になるほどと思った。

　学校前の交通マナーが良くなると、警察署が関心をもつようになり学校にやってきた。その際、横断歩道上では自転車は押すことを指導された。たしかに本校の横断歩道は狭く、歩行者と自転車の並進は危ない。すると、「自転車は押して渡ろう」と道路脇に看板を作り、生徒会が指導を始めた。

　学校が口をすっぱくして、交通ルールを守ろうとか、命を守ろうとか言ってもなかなかルールの徹底は難しいが、生徒が提案するとこんなにも徹底できるのかと驚いた。

　学校前の交通事情は以前と比べ大きく変わった。今では、横断歩道を渡った生徒が、止まってくれたドライバーに笑顔で会釈をするのが当たり前になっている。ドライバーのほうからも会釈をする人が増え、良いコミュニケーションの場になっている。県外のドライバーがたまたま学校の前を通り、その様子を見て驚いた。「素晴らしい学校ですね。こんなに礼儀正しい中学校は見たこと

がありません」とお褒めの連絡をいただいた。

　生徒会役員は、その言葉に感動してさらに新しい企画を打ち出すようになった。

　地域のあいさつ運動に端を発して、生徒会中央委員が加わり、地域住民とさまざまな協働を試みた結果、交通マナーが大きく改善された。

消える「心を磨くトイレ掃除」 —— 継続することの困難性

　転勤でY中学校を去ってまもなく、保護者から相談があった。娘が生徒会の役員をしているという。その娘の元気が最近なくなったので心配しての相談だった。話を聞いてみると、トイレ掃除のことでショックを受けているという。

　Y中学校で行われていたトイレ掃除は校舎改修工事の関係で中断していた。工事が無事終了したので、生徒会中央委員たちはトイレ掃除の復活を計画し学校に相談したそうだ。しかし、返答は芳しくなかったそうだ。生徒はショックを受けてそのまま帰ってきたという。何か続けることができない事情があったのだろうが、それを丁寧に生徒に伝えてやらなければ、提案した生徒たちの努力が報われない。

「生徒が現状をどう受け取り、それをどう解決するかが大切ですよね」

「せっかく生徒たちが自主的にいろいろ考えて企画したのに、学校の都合でボツにされたらかわいそうだと思いませんか」

「転勤された先生に言っても仕方がないですが」

　保護者もしだいにわが子に感情移入し熱が入る。とりあえず、思いをしっかり聞いて後日後任の校長に伝えると約束した。

　とかく問題になるのが休日のトイレ掃除だ。衛生的に良くない、感染症が心配だ、参加した教員に代わりの休日がないなどの批判がある。これなどまだいいほうで、宗教がかっているとか、思想教育だとまで言われたことがある。協力してくれた教員までが、別のところでそうした発言があったと聞き、そのときは落ち込んだ。

自分では気づかぬうちに職員に強要していたのかと申し訳なく思った。たしかに、便器を直接磨くことは細菌感染のリスクはある。だから、そのリスクをできるだけ小さくするため、作業前には両手に抗菌クリームを塗ったり、ビニール手袋やゴム長靴の着用を勧めたり、掃除後には手足を消毒したりした。

　一方で、誰でもできることを誰にも負けないくらい徹底的にやることの価値とか、行動すれば変わる、みんなでやればこんなに変わる、といったメッセージを体感するためには、トイレ掃除は格好の作業である。便器を直接掃除するという行為は、その自己犠牲の大きさからだろうか、参加した人たちに大きな感動を呼んだ。私は生徒や参加者にトイレ掃除を通して充実と感動を提供できたと自負していた。

　しかし、転勤したあと「心を磨くトイレ掃除」がなくなっていくのを知ると、学校の制度としては不安や不満が強かったのかと思う。こうした制度の問題を解決せず、まるごと後任の校長に託してしまったことを申し訳なく思う。学校支援活動を継続することは実に難しい。それが実感だ。

第4章　Z中学校での地域と協働から結実へ

校舎まわりの木を切ってしまいたい —— 環境が生徒に及ぼすもの

　Z中学校は生徒指導に苦慮していた。生徒の教師に対する暴力事件がマスコミに報道されてから、地域の不安は頂点に達し、新しい校長には誰が来るのか噂が飛び交っていた。

　そうした状況のなか、教育委員会に呼び出され、Z中学校への赴任を告げられた。

　厳しい環境のなかに、自分を信じて投入してくれることを誇りに感じたが、一方で自分に務まるだろうか、正直不安だった。

　以前11年間在籍したZ中学校は、私の教師生活の原点といっても過言ではない。以前も生徒指導は大変だった。保護者にはずいぶん応援してもらったし、先輩の先生たちにはたくさんのことを教えてもらい何とか乗り切った。いつか恩返しがしたい、そんな思いがあった。さらに、たくさんの教え子が学区内におり、何より人懐っこくて明るいZ中学校の校風が私は大好きだった。

　だが、いざ赴任してみると、以前に比べずいぶん学校が暗くなったと感じた。かつて校舎のまわりに植えた樹木が大きく茂り、職員室から生徒のいる棟が見えなくなっていた。学校を訪問する人たちから、うっそうとした樹木に威圧感を感じ訪問することに抵抗を感じる、といった声が聞かれた。環境整備の必要性を感じ、6月の初めにある体育会がその成果を地域に示す絶好の機会だととらえた。

　そのために学校運営協議会を立ち上げ、環境整備について協議した。すると、以前には中学校に校舎まわりの樹木を切ったり、校庭の草を刈ったりする環境整美活動があったことがわかった。そこでその活動を踏襲して、校舎まわりの樹木の伐採や校庭の草刈・溝掃除、校舎内のトイレ掃除や廊下や壁のペンキ塗

りを行う環境整美（以下 Z 中学校の活動を環境整美と称する）部を創設した。性急な要望だとは思ったが、「私には時間がない。ぼやぼやしていたら 3 年間の任期を終えるまでに何も残せなくなる」と委員を説得して、急ごしらえの委員会を設立した。「走りながら考える、とにかく動かす」、Y 中学校で学んだことをさっそく活用した。

　実行委員と PTA の役員で協議し、案内を作成した。PTA の役員のなかには、中学校の評判が良くないことに、はがゆい思いをしていた人もたくさんおり、急な呼びかけにもかかわらずたくさんの人が環境整美活動に参加してくれた。草刈機の他にチェンソーや自走式の草刈機に至るまで、さまざまな機械が持ち込まれ、本格的な活動になった。

　校舎周辺の樹木はどうするか聞かれたので、「全部根元から切ってしまおう」と半分冗談で言っていると、生け花をたしなむ先生に「緑を大切にしてください」と叱られた。結局、切ったあとの樹木の後始末が大変なので伐採はあきらめ、上のほうの枝を刈り払った。中庭の樹木は枝を落として生徒棟から職員室が見えるようにし、校舎裏の雑木や運動場周辺の草は機械ですべて刈り払った。

　環境整美活動によって、学校周辺から学校が見通せるようになり、校舎内もずいぶん明るくなった。「すっきりした」とか「学校に来やすくなった」と、保護者や訪れる人たちに好評だった。樹木の伐採により校舎が学校の外から見えるようになり、学校の変化が地域に伝わり始めた。それと呼応して授業を抜

写真6　校舎まわりの樹木の伐採（前）

写真7　校舎まわりの樹木の伐採（後）

け出す生徒や校舎裏にあったタバコの吸い殻が減り始めた。

生徒の作品を廊下に —— 校舎内の雰囲気を変える環境整美

　Z中学校に赴任して感じたことは、「何と殺風景な学校だ」ということだ。ひとつの階に10もの教室が並び、鉄筋コンクリート3階建ての建物が2棟、各階は東西ふたつの連絡通路で結ばれている。

　学区内に大規模住宅地や団地が造成された影響で、校舎は増築を重ねており死角が多い。廊下は毎年のように落書きがあり、その都度白いペンキを塗るのだが、年によって色が少し違いまるでパッチワークのようになっていた。そして掲示物がない。何とも寒々しい光景だった。聞けば、生徒作品や掲示物を張っても破られるだけだから、張らないことにしたそうだ。それが、学校を訪れた人に「荒れた学校」の印象を与えていた。

　破られたら張り直せばいいと思ったが、生徒作品を掲示してそれを破られたら、たしかに厄介だ。誰の仕業か突き止めないわけにはいかず、それには大変な労力が必要になる。だがこのままでは、生徒の心情が育たないし、安心して学校生活が送れる学校にはなりそうにもない。どこかでこの悪い循環を絶たねばと考えた。

　結局、美術科のH先生に何とかならないかとお願いした。先生は常々美術の力で学校を変えていきたいと思っていたようで、私の提案は渡りに舟だったという。さっそく廊下に生徒の作品を張り出し、生徒の絵日記コンテストを始めた（写真8）。美術の時間に修学旅行の思い出を絵日記にまとめた3年生全員の作品を、生徒が昇降する階段に張り出した。さらに、「校長

写真8　生徒昇降階段に張り出された絵日記

賞」「教頭賞」「学年主任賞」など教師の推薦シールを作り、生徒の作品に張った。

　やるときは「一気呵成に」とはよく言われるが、これだけ大量の生徒作品が張り出されると、学校の雰囲気はガラリと変わり、明るく生き生きとしてくる。

　作品が破られるのではと心配したが、ほとんど被害はなかった。最初のうちこそ軽い被害が出たが、その時期を乗り越えると、掲示物に対するいたずらはほとんどなくなった。続いて2年生の広島平和学習絵日記、1年生の閑谷学校校外学習絵日記が続いた。それぞれ2週間ほど展示し、そのあいだは、生徒の昇降階段がずいぶん華やかで、気持ちも和らいだ。

　授業中の美術室を訪れると、壁には卒業生や上級生の優秀作品が張り出され、スティッチやプーさん（ディズニーのキャラクター）が迎えてくれた。夏休みの親子美術工作で制作した作品を美術室に飾っていたのだ。美術のお城というか、独特の雰囲気に圧倒された。H先生の授業は、ほんの短い説明をしたあとは生徒に任せている。生徒は「画材の島」とよばれる机から画材や道具を自由に取っていき、自分の感性に従って作品を仕上げていく。いろいろなコンクールで生徒が次々と受賞していくのが納得できる授業だった。

　H先生は職員室に至る階段にもプーさんを置き、「職員室までもうひとがんばり、（あと）11段」との吹き出しをつけた（写真9）。何ともユーモラスだ。学校の玄関が一気に明るくなり、学校を訪問する人たちの表情がずいぶん柔らかくなった。参観日のときお母さんと一緒に来た幼児たちは大喜びだった。嬉しくなってはしゃぎまわり、それを見て他の保護者たちも微笑んでいる。

　どこか外部のものを拒絶するような、うっそうとした植え込みや殺風景な玄関や廊下から、明るく生き生きとした玄関や廊下に変

写真9　職員室前の階段で来訪者を迎えるプーさん

わった。そうすると、学校を訪れる人や生徒や保護者、そして教員も表情が和らいできたように思えた。

エピソード Z-3

授業を抜け出す生徒にもボランティア精神 ── 社会貢献の意識

　Ｚ中学校の生徒は実に人懐っこい。初対面の人でも物怖じせず親しげに話しかける。新しく赴任した校長が珍しいのか、やんちゃな生徒たちが次々と校長室にやってくる。「１年生のときには人を殴って大怪我をさせて、大変だったんよ」とか「先生、俺は『警察〇〇（警察の活動を取材した番組）』で放送されたんで」と、普通の人が聞いたら驚くようなことを平気で話す。親しげなのはかわいいとしても、自分のことを初対面の人に警戒なしに話してしまうのはどうかと思いながら、とりあえず人間関係をつくることに専念する。

　赴任した４月は、彼らもそれなりに頑張って授業を受けていたが、５月の連休を過ぎたあたりから授業を抜け出しては、校内のいろいろな場所に溜まるようになる。気温が高くなると意欲を失い、一人授業を抜け出す者が出ると、同調して校内を徘徊する生徒がしだいに増えてくる。

　その日も３年生の男子が４人、授業を抜け出していると連絡が入った。授業を抜けた生徒の対応は、まず担当学年の教員が行うが、その日は職員室に人がおらず、「私が行くから」と告げて校内を探すと　彼らは、校門近くの武道場の三和土（たたき）に寝ていた。

　近づいて声をかけると、言い訳に「授業がわからん」とか「教え方が悪い」とか「暑い」とか、口々に勝手なことを言う。
「ここに寝ていても暑いだけだから、校長室に来いよ」と言うと、ついてきた。彼らの居場所がわかっていれば学年の教員も探す手間が省ける。
「彼らは校長室にいる」と、職員室に声をかけ、校長室に連れていく。
「ソファーに寝てもいいか？」と一人が尋ねるので許可すると、本当に寝転がる。それどころか、私が他の生徒と話をしているあいだに、彼はいびきをかいて寝始めた。昨日はちゃんと寝たのだろうかと心配するほど素早く眠りについ

た。まわりに対する信頼感というか、警戒感のなさというか、一体どんな環境の家庭なのだろうか、考えることは多い。

　そのような状況のなか、たまたま近隣の区長が訪ねてきた。生徒がゴロゴロ寝ている校長室の様子に最初は驚いていたが、事情を話すとすぐに理解してくれた。用件は「公園の草刈りをしたので、放課後に草の始末をしたい。手伝う生徒はいないか」という話だった。
「君たちも行かんか」と断られるのを承知で話してみると、意外に「面白そう」と興味を示したので、放課後、一緒に公園に行くことにした。公園といっても、山林の一部を切り開き遊具などを置いた、一片が20mぐらいの小さな公園だった。そこの草を刈り取り山にしたものが一面にある。その山を一つひとつ集めては軽トラックに積み込み、捨て場に運ぶ作業だった。すぐに根を上げるのかと思っていたら、学生服を脱ぎ捨て下に着ていた色鮮やかなTシャツが汗まみれになるまで、結構粘り強く頑張った。

　結局最後までやり通し、全部の草を運び切り意気揚々と引きあげてきた。区長も気が利いたもので「よく頑張ったなあ。本当に助かった。ご苦労さん、アイスクリームと飲み物があるぞ」などとねぎらう。彼らは「どんなもんだい」というような顔をして、アイスクリームを受け取り、あっという間に平らげた。
「まだあるか？　もう一つ食べてもええか？」と尋ね、区長は、
「なんぼでもあるで」と次のアイスクリームを用意する。
「本当？」と、生徒は実に嬉しそうだった。
「本当にありがとう。またよろしく」と区長が礼を言うと、
「またアイスクリームをくれるか？」と生徒が尋ねる。
「ええぞ」と区長。

　人の役に立てたことが嬉しかったのか、区長が一人前に扱ってくれたことが嬉しかったのか、彼らは実にさわやかな顔をしていた。人の役に立てて嫌な気分になる人間はいない。不貞腐れたような顔をして武道場の前で寝ていたときとは別人のようなあどけない表情の少年たちがそこにいた。

エピソード Z-4

せめてスタートは平等に ── 社会のなかで苦悩する子どもたち

　Ｚ中学校に赴任するのは二度目だ。1回目の赴任は1985年だった。全国的に生徒の教員に対する暴力、いわゆる「校内暴力」が多発していた。こうした学校の「荒れ」に対して学校はしだいに管理を強め「服装の乱れは非行の始まり」などと厳しく服装を取り締まった。学校の時間や生活の細部に至るまで細かい規則を作り、遅刻者や違反者を徹底的に取り締まった学校もある。しかし、生徒を管理すればするほど、生徒と教員のあいだの心が離れ、やがて対立するようになってしまった。

　一番辛い思いをしたのは若い教員たちである。彼らは赴任早々に年配の教員たちと同じ生徒指導力を求められ、本当は違うと思いながら「強い指導」をせざるを得ない状況に追い込まれた。

　Ｚ中学校も例外ではなく、私が赴任してからも次々と大きな問題が起こり、夜遅くまで対応策を考える日々が続いた。ようやく方針が決まり帰宅しようとしたときのことだ。駐車場までのあいだに自転車置き場がある。何やら人の気配がするので、近づいて見ると3年生らしい生徒が数名こちらを見ていた。薄暗がりのなかで、農業倉庫にあった鍬やスコップを持ち出し、それらをコンクリートに擦り付けて気味の悪い音を出して威嚇してくる。こちらを見ながら挑発する生徒が、いわゆる不良生徒ではなく普通の生徒だったことも驚きだった。赴任したばかりの教員に、それも学年所属が異なる教員を威嚇して何になるのか。生徒管理を強めた結果がこれなのか。中学生に挑発される自分にも腹が立ったが、それよりこうした生徒と教員が対立しなければならない構図が何か前向きなものを生み出すのかと、徒労感が残った。

　このような「荒れた」時代の生徒たちが今は保護者として在籍していた。ただ、彼らが生徒であった時代よりも、現在はさらに厳しい状況になっていることを痛感した出来事をふたつ紹介したい。

　最近、登校しなくなった3年生が数人校門近くでたむろしていると聞き、教室に呼び入れようと出向いた。中学3年生の10月にもなるとほとんどの生徒

は高校受験を考え焦り始める。「高校なんか行かんよ」と本音とは違うことを言って強がってみるが、本音は彼らも高校に行きたいのだ。

校門にたむろする生徒に受験のことを問うと、

「受けん。どこも受からん」と吐き捨てるように言うので、

「これから頑張れば入れる高校はある。見学に行ってみたらどうか」と勧めてみた。

すると「行ってみようか」と言うので、さっそく知り合いの教師に頼み、1週間後、学校見学の許可をもらった。彼・彼女らに見学のことを伝えると、翌日から登校し始めた。やる気になったのだと喜んでいた。

学校見学当日、女子生徒の一人が欠席していると担任の教師から連絡を受けた。「（見学に）行かない」と言っているという。彼女の保護者は昔私が担任した生徒だった。担任したころの彼女（保護者）を思い出しながら家庭訪問した。「先生、すみません。行かないと言うので」と、すまなそうに母親が部屋に招き入れてくれた。玄関のドアを開けるとすぐの小さな部屋に彼女はいた。薄い布団の上でパジャマを着たまま、ぺたんと座り込んでいた。

髪を前にたらし表情がよく見えない。「見学に行こうよ」と誘っても返事はない。微かに首を横に振っているようにも見える。「大丈夫だ。きっとうまくいく」と励ましても、反応がない。涙を流しているようにも見える。

説得しても動きそうにないので、他の生徒を連れて高校に向かうことにした。「先生、すみません」と何度も頭を下げる母親の声を聞きながら外に出た。道は路上駐車で溢れ、アパートは傷み、落書きが目についた。以前に家庭訪問で来たころに比べずいぶん殺風景になったと感じた。母親はおとなしい生徒だったが、同じように母と子の家庭で育ち寂しい思いをしていた。それに負けまいと一生懸命働き、子を育ててきたはずだ。だが、格差は確実に大きくなっている。何十年ぶりかの再会だった。この状況なので母親は多くを語らなかった。だが、気持ちは痛いほどよくわかり、胸がいっぱいになった。

ふたつ目は、たくさんの子どもを母親が一人で育てている家庭の話だ。教育環境は相当厳しく、小学校からさまざま申し送り事項があった。しかし、その

ような環境にもかかわらず、天真爛漫な性格の彼女は、部活動や学校行事に熱心に取り組み、学校生活を楽しんでいた。私たちも、頻繁に声かけを行い、教育相談などで彼女を支えた。ところが、中学校２年生の夏休み明け、突然「先生、私は高校には行かんよ。私の家族も親戚も、高校を卒業できた人は一人もおらんから、無駄なことはやめとく」と言いだした。何かあったのだろうか、それとも誰かが無責任なことを彼女に言ったのだろうか。社会の階段をひとつ登り、貧困から抜け出す彼女を思い描き楽しみにしていた私たちは、その言葉に驚き、悲しみ、そして虚しさを感じた。

　貧困は決して彼女たちのせいではない。保護者のせいでもない。誰にでも起こり得ることだ。それなのに、平等であるべき初等教育のもとで、どうしてこのように希望を失ってしまう生徒たちが次々と出るのだろうか。時々、天に向かって怒鳴りたい衝動に駆られる。

エピソードZ-5

「斜めの関係」の活用 —— 地域ボランティアと教員の連携が生徒の新しい未来を拓く

　県がある施策を始めると聞いた。教室に入らずに校内を徘徊する生徒に、地域の人材で対応しようというものだ。名前を「学級崩壊等早期対応事業」という。名前はイカツイが、私からすると願ってもない企画でさっそく応募した。当時、教室に入らない３年生の生徒が５人いた。といっても、彼らは友人たちに迷惑をかけたくないと思っていたので、授業の妨害はせず、昼前に登校し、給食を食べて下校する。だが、中学生の時期はとても不安定なので、時に教師とぶつかる。彼らの言を借りると「昨日はオールだった」ときだ。つまり家に帰らず徹夜で友人たちと遊んでいたときは、寝不足で機嫌が悪く、当たり前のことを注意されて、教師とぶつかる。教師も心得たもので、無用な挑発に乗るようなことはせず、彼らが一目置く教師の出番を待つことになる。気持ちが収まるまでしばらく怒号が飛び交うことになるが、大抵はまもなく治まる。他の生徒の安全や安心を考えると、そのような状況がないに越したことはなく、ま

た、彼らが義務教育の期間であることを考えると、できれば勉強させてやりたいと思っていた。

　だから、本校にこの事業が認められたことは本当に嬉しかった。ただ、採用できる講師は1名で、それは学校が探すことになっていた。これには悩んだ。まず何より、週25時間ほどの勤務で来てくれる人がいるのか。そしてその人が指導をする生徒は5人で、その子たちは教室に入らず欠席しがちでやんちゃな生徒たちだ。悩んだ挙句、1日あたりの勤務時間を短くして複数の人が配置できるよう教育委員会に特例を認めてもらった。

　次は人選だ。1日あたりの勤務時間が短くなったので、時間に余裕のある人には頼みやすくなった。しかし、かなりの配慮が必要な生徒たちが相手だ、教育に理解のある人が望ましいことは言うまでもない。

　人選で頼りにしたのが、学校支援コーディネーターとボランティアとして学習支援活動に来ている人たちのネットワークだ。何人かのボランティアは「心当たりの人に連絡してみる」と、協力を申し出てくれ最終的には、教育関係のNPOで働く主婦や教員を中途退職した男性、教職関係の働き口を探す若者など5人の方に講師をお願いすることができた。人によって時間や曜日は異なるが、週2日、1日3時間程度の勤務ということになった。生徒からすると、先生たちは毎日代わり、2人いる先生の組み合わせも毎回変わるということになる。同じ人が続けて指導するほうがいいのだろうが、教師でさえ手を焼くのだから、彼らの指導は決して容易ではない。うまくいかなかったとき、このシステムのほうが回復しやすいと考えた。

　最初のうちは講師の好き嫌いを訴えていたが、やがて慣れ話題にならなくなった。勉強する部屋は「心の教室」を使った。この部屋は南棟の2階にある教育相談のための部屋で、話しやすくする工夫が随所にしてあった。時々見学に行ってみると、生徒たちはリラックスしており、ときには嬉しそうにギターを教えてもらっていたり、ソファーに寝転がっていたりした。しかしあるときは、ノートを作ってもらい、中学校1年生の数学をやり直していたり、高校の入試問題を解いていたりするときもあった。裏を返せば講師がそのすべてを受

容していたことになる。対立することもなく学習指導が入っていたことになる。中学校の担任や学年の教員が再々訪れたこともあり、彼らがしだいに意欲を取り戻していくのが感じられた。ボランティアという外部の講師と生徒という「斜めの関係」の効果の大きさに驚く。

この取り組みで2人の生徒が大きく変わった。Bは小学生のときに保護者から虐待を受け、社会に挑戦的になって家に帰らず非行を繰り返していた。Cは、両親が離婚したあと新しい母親が家に入ってきた。そこまでは許せたのだが、その継母が妊娠したと聞き「がまんの限界を超えた！」と学校に来なくなっていた。

この2人にとって、この学習支援は何か心に触れるものがあったのだろう、出席率に変化が起こった。この事業が始まる1年前のものを比べると出席率がおよそ3倍になっていた。高校受験直前ということを考慮しても、学校に対する感覚が変化している。

あるとき、この学習支援を評価して「自分の一生でこんなに褒められたことはなかった」とか「学校はいいなあ。1年生のとき、ほとんど学校に来てないのはもったいないことをした」と語った。

結果として、彼・彼女らは全員高校進学の夢を果たし、それだけでなく学年全体もほぼ思い通りの高校に進学することができた。生徒の抱える一つひとつの背景に寄り添い、地域ボランティアと教員が連携すれば、生徒全員の新しい未来を拓くことができる。この成果は私たちに地域とともに歩む学校の方向性に自信を与えた。

エピソードZ-6

年に一度は学校支援に参加を —— 保護者の参加が活動の促進力に

地域の力を借りてZ中学校を改革することに活路を見出した。それまでの学校評議員に兼務を依頼し、「学校運営協議会」を立ち上げて改革を進めた。

委員のみなさんの呼びかけの成果だろう、環境整美活動には多くの地域住民の参加が見られるようになった。私には十分と思えたが、委員からするとまだ

まだということだろう、環境整美活動のあと開かれた委員会で、

「保護者の参加が少ない」

「PTAには連絡しているのか」と意見が出た。

「自分の子どもが学校にお世話になっているのに、手伝いに来ないとは何事だ」と息巻く委員もいた。

　以前は、夏休み明けの環境整美活動には生徒と保護者全員が参加していたと、今までのことを説明してくれる委員もいて、PTA会長が呼びかけをすることになった。

　各学年が発行する学年だよりやPTAが出す環境整美活動の案内に、すべての家庭の参加が前提である旨を記載した。

　以前は、活動に参加する教員や保護者、地域住民など生徒を指導する立場の人の手が足らず、生徒間でトラブルが多発していた。しかし、こうした取り組みで、参加する大人が増えるにつれて、生徒は落ち着きを取り戻し、また、環境整美の効果も顕著に見られるようになった。環境整美活動が終了したあとも、学校に残り整美したところを仕上げる人たちや片付けをきちんと行おうとする大人たちの姿を見て、誰に言われるわけでもなく手伝いを申し出る生徒が増えてきた。

　保護者がさらに学校支援に参加するにはどうしたらよいかが、次の学校運営協議会で話し合われた。PTAの役員が学校支援のいずれかの部会（学習支援部、環境整美部、読み聞かせ部）に所属することを提案したのはPTA会長だった。そして、役員の人にはせめて1回は学校支援活動に参加するよう要請することになった。

　1月にはPTAの役員を決める会合がある。新しい役員が決まる役員会では、「学習支援部」「環境整美部」そして、「読み聞かせ部」と、どの部会に所属するか希望をとり、新PTAの役員会ではその所属が発表された。

　やがて新学期が始まり、放課後学習支援に初めてPTAの役員が参加した。「アッ、○○ちゃんのお母さん」生徒が親しそうに呼んでいる。呼ばれたお母さんもニコニコしている。学習支援の場がいっぺんに和やかになった。

読み聞かせに保護者が初めて参加した。

「どのクラスの読み聞かせに行かれますか」と問うと、

「自分の娘のクラスに行かせてください」

私たちの心配が伝わったのか、

「大丈夫です。娘のクラスの本当の姿を見てみたいと思っていたのです」と
おっしゃる。

結局、心配は杞憂であった。様子を見にいくと、娘の女子生徒は照れ臭そう
にしていたが、クラスの友人に、「お母さん読み方上手だった」などと褒めて
もらい、まんざらでもない様子だった。

担任は「いつもより（読み聞かせが）和やかな様子だった」と、保護者が参
加することの意義を認めていた。

エピソードZ-7

役員と教員の顔合わせ —— お互いが知り合い、和やかな関係を目指して

地域運営協議会や学校支援地域本部は、学校を支援するために存在する。だ
から、導入したころは、教員に負担をかけては意味がないと考えられていて、
校長や教頭が中心になって進めていた。大方の年配の教員は、地域本部の仕事
を教頭や校長の仕事と割り切っていたから、なかなか協力は得られず、成果を
上げている学校は限られていた。

その一方で、地域と連携していくのが未来の学校ととらえ、積極的に参加し
ようとした若手の教員たちがいた。私たちの学校でも、環境整美活動や学習支
援活動に理解を示して、自分が監督している部活動の生徒を積極的に参加させ
る教員がいたし、環境整美（トイレ掃除）に毎回部員を送り込む教員や、将来
自分が転勤した学校でも続けたいと、いろいろな準備を積極的に手伝ってくれ
る教員がいた。

実は学校を支援するボランティアたちは、管理職だけで進める学校支援活動
に不安を感じていたという。管理職が転勤したらこの活動はどうなるのだろう、
自分たちだけで学校支援を進めるようになるのだろうかと、しばしばその不安

を口にすることもあったそうだ。

　私たち教員も、教員の異動のたびに方向がぶれるのはよくないと感じており、地域の人たちや専門知識をもつ人たち、校区の小学校長や学校支援コーディネーターなどで、より強固な組織をつくろうということになった。

　教員のなかに地域連携担当教員を定めて、学校支援地域コーディネーターと細かなすり合わせや打ち合わせするという仕組みにした。近隣の学校でも、学校支援に関心のある教員や積極的に協力してきた教員に地域連携担当を任せる学校が出てきて、そうした役職同士の研修会がもたれるようになり、学校支援活動に進展が見られるようになった。

　学校支援に進展が見られるようになったので、さらに、教員全員が校務分掌とは別に三つある学校支援の部会のいずれかに所属することにし、年度初めに行われるPTA総会のあと、ボランティアや保護者、そして教員で顔合わせ会を行うことにした。

　学習支援、環境整美、読み聞かせの3部会ごとに教室に分かれ、教員と学校支援ボランティアが相互に自己紹介を行い、その後、これまでの活動の反省や課題を共有し、これから1年間の活動計画の検討や担当者の確認を行った。

　この取り組みを始めてみると、各部会がそれまで以上に和やかに活動するようになった。小学校での学習支援や読み聞かせといった協働作業や地域の盆踊り会の復活など、各部会が地域と連携・協働していくうえで円滑に準備が進み、大きな効果を上げるようになった。

エピソードZ-8

地域の盆踊り会の復活 —— 中学生だからできる地域の融合

　ある日、3年生の女子2人が校長室にやってきた。相談があるという。公民館祭りや公民館行事を積極的に手伝っている生徒たちだった。

　聞けば、地域の高齢者に市町村合併で途絶えた地域の盆踊り会の復活を頼まれたという。以前この中学校に勤務したときは、中学校のグランドで地区の盆踊り会が開かれていたことを思い出した。あのころの盆踊り会は盛大で、グラ

ンドが人で溢れていた。

　2006 年の町村合併を機に、市の盆踊り会はさらに大規模になったが、会場
は他の町に移動し、この地区の盆踊り会は中断されていた。お年寄りからすれ
ば寂しかったのだろう。地区の公民館祭りを手伝った中学生に盆踊り会の復活
を頼んだらしい。

　以前から、公民館祭りでは中学生がテントをひとつ任され、お茶の接待や焼
きそばの販売などをテキパキと運営していた。その行動力はなかなかのもので、
中学生は全員が地元の学校の生徒であり、お年寄りからすると他の学校種の生
徒にはない期待感があるようだ。

　しかし、この「盆踊り会復活」の申し出には正直悩んだ。お盆の期間中は、
教員は特別休暇を取ることになっており、勤務を要請できない。だが、盆踊り
会に関する外部機関との調整をはじめ、予算や会計といった大きな責任を伴う
仕事を中学生に任せてしまうことはできず、大人の手助けが欠かせない。

　そこで、協力を要請したのが学校運営協議会や学校支援地域本部と PTA だ。
地域本部は当初学校支援を要請した組織であり、それまでに小学校との協働活
動や公民館祭りなどのボランティア活動などをコーディネートしていたので、
計画の検討や社会教育との連携、地元消防団との警備の打ち合わせ、渉外業務
を依頼した。屋台運営のための講習会や会計、盆踊り会実行委員のおにぎり作
りなど、生徒に近いさまざまな手伝いは PTA に依頼した。幸い両組織とも好
意的に支援してくれ、計画は順調に進んだ。

　生徒の有志を募り実行委員会を立ち上げて、準備を進めていった。最初は少
数だった実行委員もしだいに増え、盆踊り会のひと月前には 50 名を超えた。

　いよいよ盆踊り会が始まった。開会のあいさつで実行委員長は、「盆踊り会
の復活という地域のお年寄りのみなさんの期待に、やっと応えることができま
した。本当に嬉しいです」「ここまでくることができたのは、大人のみなさん
のおかげです」などと涙ながらに振り返り、会場からは「よくやった！」「頑
張れ！」と声援が飛び、感動的な幕開けとなった。

　だが、会はトラブルの続出だった。櫓から張りめぐらした提灯は古く、途中

写真10　盆踊り支援委員会　　　　　　写真11　復活した盆踊り会

で電球が切れたり、電力を使いすぎて電源が落ちてしまったりした。屋台の照明は同じ電源を使用していたので真っ暗になり、やむを得ず、懐中電灯の明かりの下で販売した。抽選会は校庭にある消防訓練用の投光器を使用する予定だったが、点灯せず右往左往して、責任者の2年生女子は、「時間をオーバーしてしまう」と泣き出してしまった。たこ焼きと焼きそばの屋台では、来客数予測を見誤り、盆踊り会開始後わずか20分で売り切れてしまっていた。いずれの場合も、PTAや地域本部の人たちが奔走し何とか対応した。

　2年目の盆踊り会では、スムーズな運営を目指してチケット制を導入した。盆踊り会開始前にチケットを購入して、屋台ごとのおつりの計算を簡略化しようとした。しかし、チケット数の販売予測を読み誤り、今度は会が始まる前にチケットが完売してしまった。長い列に並びチケットの販売を待っていた人たちは、完売を告げられると残念そうな表情だったが、「中学生だから」と温かい目で見てくれ、苦情を言う人はいなかった。トラブルは頻発し、生徒は右往左往したが、大人たちが全力でバックアップした。

　3年目の盆踊り会では、「中学生にこれ以上失敗させられない」と、地元町内会が屋台を出したり、人を出してくれたりして、中学生を応援した。2年目までは7張だった屋台が3年目には15張に増え、たくさんの地域の人が応援してくれるようになって大いに賑わった。

「中学生が主体だったから盆踊り会が復活できた」と、ある社会教育関係者が

感想を述べていた。この盆踊り会の復活にそれまでにいろいろな人たちが何度か声を上げていたが、さまざまな事情で頓挫したという。中学生が主体となって企画すると、簡単に地域がまとまることにその関係者は驚いていた。それまでのいろいろな軋轢を超えて地域がまとまり復活するとき、中学生は特別な役割を担うことができるのかもしれない。

エピソードZ-9

ボランティアを続けるということ —— 地域の大人のモデルを演じる

　ボランティアの募集では苦労した。チラシで募集したり、市の広報誌に募集記事を載せたりした。しかし、最も大切にしたのは口コミとコーディネーターの人脈だ。その意味でコーディネーターは地域に厚い信頼と広い情報網をもつ人が適任だ。

　ボランティアの人数も重要だが、その人選はもっと重要だ。過去に学校開放の掛け声のなか、校内に不審者の侵入を許し児童生徒や教職員に危害が及んだ事件は忘れてはならないだろう。

　興味深いことがあった。地域本部の環境整美活動のひとつに「心を磨くトイレ掃除」がある。土曜日の早朝に生徒や学校支援ボランティア、保護者や教職員が集まり、学校にあるトイレを一斉に磨く。

　年に一度、この掃除のために「掃除に学ぶ会」が駆けつける。たくさんの掃除道具や消耗品をK市からトラックで運び、作業終了後には交流会も行う。この消耗品の代金を参加費という名目で支払っていた。生徒の参加費は掃除に学ぶ会が負担していたが、保護者やボランティア、教職員の参加費などは補助金で賄っていた。しかし、補助金が打ち切りとなり、やむを得ず、ボランティアや保護者、教職員に負担をお願いすることにした。

　土曜日の早朝に、たとえ少額といえどもお金を払って学校のトイレ掃除をしに来てくれる大人がはたしているのだろうか。そのときはボランティア参加者の大幅な減少を覚悟した。しかし、ふたを開けてみるといつもと同じように参加者は100人を超え、ボランティアや保護者、生徒や教職員がやってきて学校

のトイレを磨いた。

　お金を払ってでも参加する地域ボランティアや保護者、教職員がたくさんいることに感動した。どうしてこの人たちはこのように協力的なのか不思議に思い、考えてみるとある共通点に気がついた。

　まず、参加する人たちはトイレ掃除の価値をよく知っているということだ。毎回欠かさず参加するボランティアや保護者が多い。トイレ掃除をすることで、生徒たちがどのように変わってきたか、学校が落ち着き、安心して生活できる場所になっていったか、よく知っている人たちが参加している。大きな価値をトイレ掃除に感じているということだろう。

　トイレ掃除を始めたばかりのことだ。以前は、トイレで髪を切る女子生徒がおり、切った髪がトイレの床に散乱しこびりついていたそうだ。その固まりに気づいたボランティアがコーディネーターに相談すると、「校長先生に伝えましょう」とコーディネーターが提案したが、「大丈夫です。自分たちでやります」と、生徒と一緒にきれいに掃除したという。トイレ掃除には「学校のために自らの手を汚すことを厭わない」人たちが参加し、その価値をよく理解していることをあらわしている。

　ふたつ目は、参加者は学校と関係の深い人たちだということだ。本校には、離別、貧困、転居などさまざまな理由でモデルとなる大人の存在を失っている生徒が多い。そのような生徒にとって、学習支援や環境整美など学校支援で学校を訪れる人たちは彼らの大人のモデルとなっている。トイレ掃除に参加する地域の人たちは特にそのことをよく知っており、トイレ掃除という活動を通して彼らのモデルを演じることを楽しんでいるように思える。

　三つ目は、お金を払ってでもくる人たちだから学校支援が続いている、ということだ。土曜日の早朝に、学校のトイレを磨くために、お金を払ってでも参加する。金銭にはこだわりをもつ人が多いが、参加するボランティアの人は、その金銭を超える価値をトイレ掃除に見出していることになる。これ以上善良な人は、世の中にはいないのではないだろうか。またそのような人たちだから、ボランティア活動が続いているということにもなる。

参加費の問題は、期せずしていろいろなことを考えるきっかけになった。学校支援を継続させることは決して容易なことではない。学校とボランティアの関係を強化し学校支援の価値をわかりやすく伝えることが不可欠であることは言うまでもない。だが、それ以上にボランティアの資質に負うところが多い。参加費の問題は、地域との連携・協働を、国や市といった他者に任せてしまうのではなく、人材の発掘も含めて、自分たちの状況をしっかり見据え自立することの重要性に気づかせてくれた。

第5章　学校と地域の連携・協働の成果と課題

1. 連携・協働の成果

(1) 生徒の変容

● 「安全・安心」のひろがり

　Z中学校では毎年6月下旬と11月下旬の2回、生徒全員に学校満足度に関する質問紙調査を行っている。アンケートは4件法（そう思う4点〜思わない1点）で、「学校の規則が守られている」「安心して学校生活を送っている」のふたつの質問にそれぞれ肯定的な回答をした生徒の割合（%）の平均値を求め「学校の安全・安心」肯定率として図1に示した。この図から学年が上がるにつれて肯定率が上昇すること、年を経るごとに全体の肯定率が上がっていることが読み取れる。平成25年（2013年）には学校運営協議会が設立され、学校支援活動が開始された。一般に、上級生になるほど学校への安心感が上昇するが、学校支援の拡大とともに学校全体で安心感が上昇していることは学校支援地域本部事業の成果として特筆に値する。

　一方、入学生の「学校の安全・安心」の肯定率が前期に比べ後期には20%上昇しているが、翌年から逆に10%ほど減少している。これは校区のある小学校で

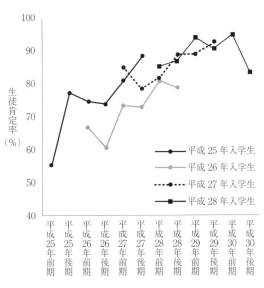

図1　「学校の安全・安心」肯定率の推移

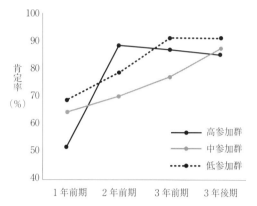

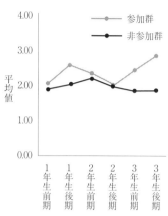

図2　生徒の活動参加回数別に見た「学校の安心」
　　　肯定率の変化

図3　小学校学習支援参加有無による
　　　「自分に良いところがある」尺
　　　度平均値の推移（平成26年入
　　　学生成績未習熟群）

学級崩壊を繰り返した学年が中学校に入学し、他の小学校からの新入生がその様子を見て不安に思ったことが原因と思われる。

　平成26年（2014年）の入学生は小学校で学級崩壊など不安を感じながら中学校に入学してきた。彼らを学習支援など学校支援活動への参加回数別に分けて「安心して学校生活を送っている」の肯定率をまとめたものが、図2である。

　高参加群は学校支援活動に4回以上参加した生徒で18名（全体の21%）、中参加群は2回以上参加、それ以下を低参加群として比較した。高参加群の肯定率は入学時には他の生徒に比べてかなり低いが、1年後には肯定率が上昇し他のグループを上回っている。新入生が学校支援活動の存在を知り積極的に参加するようになると、「学校の安心」への肯定率は上昇し、最終的には安心感をもって生活するようになったと推察される。

● 自己肯定感の高揚（小学校の学習支援活動を通して）

　平成26年からは校区全体で地域と協働する貢献活動を推進した。そのひとつとして、中学生が地域住民とともに小学校に出向き、学習支援活動を行った。このとき、学習成績が未習熟である生徒にも積極的に呼びかけたことがZ中

学校の特徴である。この活動に参加した成績未習熟群の生徒 13 名（学習支援参加者全体の約 3 割にあたる）と参加しなかった未習熟群生徒 25 名を対象に、「自分に良いところがある」の問いに対する回答を比較した。小学校学習支援開始前の 1 年生前期の評価平均は、参加群 2.00、不参加群 1.88 であったが、実施後の 3 年後期には、参加群 2.83、不参加群 1.84 との結果を得た。評価平均値の推移を図 3 に示した。

● 学校所属感の向上（盆踊り会の復活に参加した生徒を中心に）

　地域貢献に生徒の関心が集まり、公民館祭りなどの手伝いを通して生徒と地域住民の交流が深まると、生徒たちは、市町村合併を理由に途絶えた地区盆踊り会の復活を地域の高齢者から依頼されるようになった。この事実は、地域の高齢者と生徒とのあいだに信頼できる関係が築かれた証左とみることができる。学校支援活動や社会貢献活動といったこれまでの活動があってこそ構築された信頼関係であるといえよう。

　盆踊り会の復活を託された中学生たちは、自分たちの手で実現したいと思い先生に相談にきた。筆者らは、学校運営協議会や学校支援地域本部、PTA や公民館を支援組織として活用しながら、あくまで中学生が主導する「盆踊り会復活プロジェクト」として実施することを提案した。

　それまでに何度かこの地域で話題になりながら、いつのまにか頓挫した地区の盆踊り会復活に、「中学生に失敗させたくない」を合言葉に、多くの学校支援ボランティアや保護者、市役所の人たちが参加した。また、地域伝統の踊りの講習会を中学校の体育の授業で実施したことからたくさんの中学生が参加することになり、さらに、本部運営の他、たこ焼きや焼きそば、綿あめなど七つの屋台を生徒が運営したため、近隣地区の住民も来場する大規模な盆踊り会となった。

　地域ぐるみの支援を得て、中学生が核となり復活させた盆踊り会による生徒の変容として、ある女子生徒のエピソードを記しておきたい。

　それまでの彼女は短気で人間関係がうまく築けず、周囲から孤立したり、対立したりすることが時折あった。ところが、盆踊り会の夜店でたこ焼きを担当

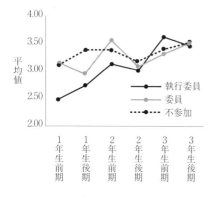
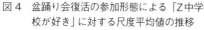
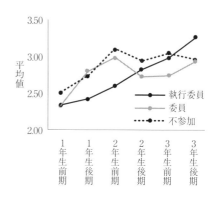

図4 盆踊り会復活の参加形態による「Z中学校が好き」に対する尺度平均値の推移

図5 盆踊り会復活の参加形態による「積極的にボランティア活動に参加した」に対する尺度平均値の推移

し、焼き上がりを待つたくさんの人の行列ができたため、踊ることをあきらめ、黙々と作業を続けた。そのときの彼女の責任感の強さが友人たちから評価され、2学期以降、人間関係が大幅に改善された。卒業のときには「盆踊り会は本当に楽しかった。学校大好き」と発言するに至っている。

この盆踊り会復活プロジェクトに参加した生徒の変化を図4と図5に示した。「執行委員」は企画や運営の主体となった生徒たちで、「委員」は前日の準備や当日の夜店の運営、片付けなどに参加した生徒、不参加はそれ以外の生徒で、回答数は3年間の調査のためばらつきはあるが、それぞれ最大で「執行委員」17名、「委員」16名、「不参加」67名であった。

図4は「Z中学校が好き」に対する尺度平均値の推移である。「学校が好き」を学校所属感と読み替えると、「執行委員」の入学時の学校所属感は他のグループに比べて低いが、盆踊り会実施後の3年生では他のグループと同程度になるまで向上している。また、図5で示したボランティア活動への意欲についても、執行委員の意欲は年々上昇している。

後に盆踊り会復活「執行委員」に立候補することになる生徒たちは、ボランティア活動に参加することで意欲が向上し、盆踊り会復活に貢献することで、

入学時には低かった学校所属感を向上させたと考えられる。執行委員や委員とそうでない生徒たちの違いを教員たちに尋ねると、「程度の差はあるが、勉強とか部活動など目立つものがある生徒とそうでない生徒」ではないかという答えが返ってきた。社会との協働活動は、所属感の低かった生徒たちの感覚の差を埋めて、自分たちばかりか学校全体の所属感を向上させたと考えることができる。生徒たちはさまざまな能力をもつが、どの生徒も等しく所属感を感じることができる仕組みを創出することの重要性を改めて感じた。

　初代盆踊り会実行委員長は、開会のあいさつで、「私たちはここまでくることができました。でもそれは私たちだけの力ではありません。大人のみなさんのおかげです。本当にありがとうございました」と、涙ながらに語り、地域の人たちの大きな感動を呼んだ。800人分用意した抽選券は開始直後に配り終え、来場者は1,000人を優に超えて予想以上の盛況であった。盆踊り会を終えた執行委員や委員はみんな「Z中学校大好き」と所属感に満ちていた。

● 社会貢献意識の高揚

　Z中学校で実施した総合質問紙調査のカテゴリー「社会参画」の回答を4年間にわたりグラフに示したものが図6である。社会参画とは、「小さい子やお年寄りが困っているとき、迷わず手助けができるか」や「お祭りやボランティアなど、地域の行事に参加しているか」「ニュースなどで、戦争や災害、貧しさで苦しんでいる人々を見ると心が痛むか」について、4件法

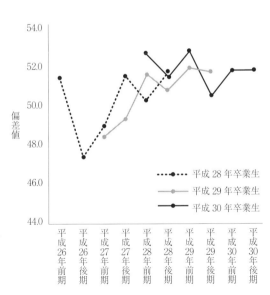

図6　社会参画尺度偏差値の推移

で問い、その数値の平均を標準化したものである。縦軸は偏差値をあらわしており、全国平均は50となる。近年のZ中学校の社会参画偏差値は常に50を超えており、全国と比較しても比較的高い水準にある。

地域本部が設立されて以後、社会参画の数値は年々上昇している。とりわけ1年生後期の指数は年々増加をたどっている。これは、放課後や土曜日の学習支援や環境整備（整美）活動に参加する地域の善良な大人たちの献身的な姿を見たり、上級生が社会貢献する姿がモデルとなったりして、1年生の意識が変わっていった結果と考えられる。

● **地域への関心の向上と社会貢献への欲求**

X中学校とZ中学校で年度末に実施しているアンケートで、地域に対する関心を全校生徒に問うと、「この地域に自分の居場所がある」「自分にとって大切な場所である」「この地域に親しみを感じる」といった項目で得点が高い。両校ともに地域に対して肯定的にとらえている生徒が多く、否定的な意見は少ない。

学校支援活動を導入し続けることで、両校ともに生徒と地域の関係が改善され、生徒たちにとって地域が、「受け入れてもらえる」「居心地の良い」場所に変化したことがわかる。このように地域から社会の一員として受け入れられるようになった中学生たちは、近年、地域に関心をもち、さらに地域に貢献したいと考えるようになったのは興味深い。

● **生徒の「参画」について**

入学時には学校所属感の低かった生徒の一部が立候補して、執行委員となり地域と協働して盆踊り会復活を成し遂げた。生徒全体の所属感も向上したが、彼らのそれは他の生徒と同じレベルまで向上し、学校全体の雰囲気を変えることができた。この結果には盆踊り会復活に向けての生徒の参画の仕方が影響していると考えられる。このことについて少し詳しく記述したい。

盆踊り会を復活して3年が経過した。最初の年は、生徒の多くはお好み焼きやたこ焼きを調理した経験はほとんどなく、不慣れなうえにつり銭や包装に手間取り、見ている大人たちは冷や汗ものだった。待ってもらって商品を渡せな

いのでは申し訳ないと、会を支援するボランティアや保護者たちが支援に入り
ようやく販売を終了できた。翌年は、事前にチケット販売で混雑を緩和しよう
としたが、今度はチケット販売に手間取り、さらに販売予測を誤ったために盆
踊り会開始前にチケットが売り切れてしまった。これが他の行事なら苦情も出
ようものだが、地域住民の多くは「中学生だから」と受容した。3年目の盆踊
り支援委員会には、「中学生にこれ以上失敗させられない」と、地元町内会や
区長会など地域の人たちから支援の申し出が相次いだ。屋台の数は昨年まで7
張であったものがこの年は15張と倍増し、中学生を前面に立てながら、裏方
として援助を申し出る町内会が続出するなど、地域からの支援が倍増した。

　4月以降盆踊り会当日までに、実行委員会を3回実施し綿密な打ち合わせを
行った。さらに、PTAや地域協働本部からなる盆踊り支援委員会を実施し、
そのすべての計画や要項を自分たちで準備した。地域住民の出店要望などにつ
いても、大人の実行委員や公民館長と相談しながら主体的に取り組んだ。つま
り、すべての企画に生徒たちが主体的に参加し、意思決定を行って実行に臨ん
だ。意思決定を伴う参加を単なる参加と区別して「参画」とすると、盆踊り会
復活では生徒たちは、まさに「参画」したことになる。

　盆踊り会の参加者は年々増加し、3回目には推定1,300人と過去最高を記録
し大いに賑わった。また、青少年のボランティア活動を支援するプログラム
「ボランティア・スピリット・アワード（SOC）」（プルデンシャル・ファイナン
シャル主催）に応募したところ、広域ブロックの代表として全国大会に出場し、
銀賞を受賞した。

　学校支援地域本部の活動を起点に、盆踊り会の復活を通して地域に貢献し、
地域が活性化したという話をすると、講演後に「うちの地域も中学生が盆踊り
会に参加するようになりました」という感想をいただくことがある。しかし、
地域に要請されて盆踊り会に参加することと、中学生が参画して実現した盆踊
り会とを同じ次元で扱うことには違和感がある。

　ロジャー・ハートはその著書『子どもの参画』のなかで、参加と参画を区別
し、「参画」とは民主主義の構築であり、市民の基本的権利であると説く。子

どもの社会参画が市民意識を形成するという視点から、参画の8段階をはしごになぞらえてモデル化した。ハートの言を借りれば、子どもを操り、かたちだけの参加からは、子どもは学ぶものはなく、避けねばならないという（ハート, 2000）。

　私たちが実施してきたのは、生徒たちがプロジェクトの内容を理解し、意思決定の場面では主体的にかかわる、つまり盆踊り会を企画するという、まさに真の意味での「参画」であった。ハートの言う「はしご」で言えば最上段にあたる。失敗が続き、模索しながらの取り組みであったが、今までの連携・協働の考え方をもとに取り組んだ盆踊り会は、これまでの集大成として絶好のプロジェクトとなった。

(2) ボランテイアと地域の変容
● 地域と学校の距離
　地域と学校の関係では、かつては地域から学校への苦情が多かった。交通マナーの問題やいじめの被害など、学校は問題を隠そうとしているといった内容である。X中学校で最初に学習支援を導入した背景にはそうした地域の不信がある。Y中学校でもZ中学校でも同様の背景があり、学校は地域から孤立しており、そのことがさらに地域に不安を与えていた。学校は地域から批判されまいと指導を強めた結果、一部の生徒の疎外感をさらに強め、居場所を奪い、学校に対して挑戦的になって、かえって問題が先鋭化した。この悪循環で地域と学校の距離は拡大を続けていた。

　こうした状況を打開するため、地域のボランティアと疎外感を感じている生徒とコミュニケーションの回復を図る試みがこの学校支援地域本部事業である。学校支援に参加した地域ボランティアは、中学生の実態が理解できるようになり、自分の目で見て確かめたコメントを多数寄せた。例をあげると「生徒がコンビニであいさつしてくれた」と感激する人や「ほとんどの生徒は素直で一生懸命だ」とか、「あの子のことが放っておけない。これからも勉強を教えていきたい」などである。

また、アンケートを通じて「地域を良くするために」あるいは「母校のために」何か自分にできることがないか、と考えているボランティアが多いことがわかり、地域の力強さ、地域教育力が読み取れる。

・ボランティアに行き始めて、地域で中学生からあいさつされたり、声をかけられたりするようになった。それまでは中学生に関心を払わなかったし、「中学生」という塊でしかなかったが、（中学生を）個人として見るようになった。
・学習支援の活動では、ボランティアが一方的に教えるとか、見てあげるのではなく、生徒と一緒に考えたり、難しさを共有したりするところが、生徒にとっても良かったと思う。教師でないから言えることや助言できることも多かった。
・自分の子どもに、当時、こんなに余裕をもって接することができていたらと感じるところがあり、自分の子育てについて改めて見直すきっかけとなった。当時できなかったかかわり方ができた気がする。

　学習支援を中心に、地域ボランティアが学校に集まるようになり、生徒の実相を理解するようになった。厳しい家庭教育環境にあった生徒たちが、自分たちを好意的に見てくれる地域ボランティアに心を開くのに大して時間はかからなかった。前述した感想やアンケート結果から、地域ボランティアが学校や生徒との距離を急速に縮め、好意的に学校全体をとらえるようになったことが窺われる。さらに、地域ボランティアは地域社会のなかで学校の窮状を伝え、協力を要請するようになった結果、ボランティアの数は増加し、逆に学校への苦情電話は大幅に減少した。

● 成果の見える化
　学校支援地域本部事業が定着し、学校とボランティアの距離が近づき、口コミで多くの地域住民がボランティアに参加するようになった。その成果として、地域の人々の学校や中学生に対する理解が深まった。

学校支援地域本部の発展のためにはその成果の評価が不可欠であり、さらなる可能性を検討するためにもボランティアと教員のそれぞれが置かれている状況を共通理解する必要がある。すなわち、お互いの環境の「見える化」が重要である（時岡・大久保・平田・福圓・江村，2011）。

　その一方で、しだいにボランティアと教員のあいだの温度差が拡大していることが明らかにされた（大久保・時岡・平田・福圓・江村，2011）。ボランティアが学校に期待し続けるのに対して、教員のそれは変動の幅が大きい。これは、教員の人事異動によるものと考えられる。学校が落ち着きを取り戻し、生徒指導が厳しかったときのことを知る教員が異動すれば、学校支援活動の認知度が変化するのはやむを得ない。

　こうした状況を改善するため、2013年度からX中学校で、2015年度からZ中学校で、毎年4月初旬に教職員とボランティアの顔合わせ会を実施している。年度初めに会をもつことで、地域ボランティアの事業に対する思いを受け止め、理解を深めるとともに、活動方針の決定に参画し主体的な活動となるよう努めた。また、こうした教員と地域ボランティアの協働を通してお互いの顔がわかり、職名ではなく名前で呼び合う関係に変える取り組み、すなわち「見える化」を意図した結果、教員の認知が変化し学校に対する期待が向上した。

(3) 教職員の意識変容

　学校支援地域本部は、地域教育力の導入と教員の負担軽減を目的に、最初は国からの委託事業、後には補助事業として導入された。教員の負担が増大したのでは本来の趣旨と異なると判断され、当初は管理職が学校支援地域本部を担うとの説明がなされた。また、地域本部の設置率が数値目標にされたこともあり、個々の地域の実態を勘案して制度をつくる時間的余裕もなく、教員の理解が十分には得られないまま導入が進められた。

　Z中学校に、小学校で学級崩壊を繰り返していた学年の生徒が入学し、年々指導が困難になっていった。教員は粘り強く指導をしたが対応に追われ疲弊していった。効果があったのが、授業に入らず校内を徘徊する生徒を対象に地域

ボランティアが行った学習指導活動である。勉強がわかることを拒否する生徒はいないから、別室で行う個別指導は大きな効果が見られた。生徒指導に追われる時間が大幅に軽減され、教員に余裕が生まれた。こうした地域ボランティアの対応に学ぶものが多いと感じた教員は、自分の授業の空き時間に学習支援室を覗き、ボランティアと学習する生徒に声かけをしていた。こうした取り組みをきっかけに、地域との連携・協働に有用性を見出す教員が増えたと考えられる。

　教職員を対象に実施したアンケートによると、教職経験10年未満の若い教職員が地域との連携や協働を評価する割合が高く、これからの教育の方向性として認識された可能性がある。学校支援活動に参加する若い教職員の姿が多数見られるようになった。

2. 連携・協働の課題

(1) 活動の継承

　地域本部を設立する際、活動の継続は地域住民の大きな関心事となる。設立時には、何らかの課題がありその解決のために、たくさんの地域ボランティアの協力が得られ教員も積極的に取り組む。やがて問題は解決する。しかし、それ以後の目標をどのように再設定するか、さらにその組織をどのように維持するか再解釈できなければ組織は形骸化し、やがて消滅する。地域住民が最も危惧するのはこの点である。

　今まで地域本部や学校運営協議会の設立にかかわってきた三つの中学校は、その後もミッションを再解釈し、活動を見直しており、学校の荒れが収束したその後も荒れの兆候は見られない。これらの学校に共通しているものを考察し、これから地域本部や協働本部を立ち上げる学校の一助としたい。

● 協働を可能にする学校支援コーディネーター

　まず、共通点は地域コーディネーターの人望の高さである。地域のことを知り、豊富な人脈をもち、そして何より地域のために活動したいという強い思いと行動力を有するコーディネーターを発掘できるかどうかが成功の鍵となる。

すべての始まりは、こうした優れたコーディネーターとの出会いにあると言っても過言ではない。

とはいえ、コーディネーターも近隣に実践事例がなく手探りで事業を推進することも多い。そうした状況では、地域本部や協働本部など組織のメンバーと協議したり、県が主催する養成講座に参加したり、近隣のコーディネーターと交流したりすることが有効であった。

地域本部同士の研修会や地域コーディネーター同士の交流会を試みた。地域に対する愛着や思いについて共有しているものの、それぞれ地域の歴史や特性は大きく異なる。そうしたなかで、課題の最適解を目指すのであるから地域コーディネーターの仕事は高度な判断力が必要である。たくさんの人と交流し、状況を判断し、次々と新たな課題を発見し、解決する行動力、すなわち協働する能力を有するコーディネーターの発見が活動継続のための鍵となる。

● **地域の特性に応じた協議会とネットワーク**

二点目は、組織の存在であろう。私は、地域の風土がそれぞれ異なるように、それぞれの学校あるいは地域に応じたタイプの組織が必要だと考える。

たとえば、X中学校では、町全体が誇りとする伝統的な産業があり、その町のシンボルとしての中学校に強い愛着をもち、「学校を良くしたい」という地域住民の熱意がある。

Y中学校は、江戸時代末期から他地区に先駆けて教育に目覚めた地域であり、明治初頭には尋常高等小学校が設置されるなど、教育の先進地としての自負がある。加えて児童養護施設を学区内に誘致するなど教育に深い関心があることから、「学校を良くしたい」という思いが強く、学校に対する地域住民の思いはX中学校に近い。

一方、Z中学校では、高度成長期に大規模団地が学区内に誘致され、加えて近隣の町と合併したことで、それまでの地域の結びつきが分断されたと感じている人が多い。地域本部の協議で「学校支援活動に保護者の参加が少ない」「地域が学校に入っているのに、生徒が地域に入ってこない」と最初から強い要望が出たのは、取り組みを介して「地域の結びつきを復活したい」という意

識のあらわれであろう。

　こうした地域住民の「地域の歴史に対する関心」と学校の思惑がうまく合致したとき、具体的な成果を生んでいる。X 中学校や Y 中学校では「学校の荒れを沈静化し助けたい」、Z 中学校では「分断された地域を再びよみがえらせたい」といった地域の願いに合致する学校支援活動が、前者の代表は学習支援活動であり、後者のそれは盆踊り会への参画である。それぞれの地域で考案された活動は大きな成果を上げている。

　学校運営協議会の構成は、委員長、PTA 会長やその OB、コーディネーター、地域連携担当教員、有識者などであり、より広い活動を目指す学校支援地域本部は、さらに学区小学校校長や各学校コーディネーターが加わることとした。教育長経験者や PTA 会長をはじめとする、地域からの信頼の厚い人たちや、大学教授や専門家など有識者たちの知識に裏打ちされた方向性の示唆は、重要な役割を果たしてきた。

　企画の優先順位の決定や課題克服には、地域本部の存在が重要であり、その構成員の人選は成否にかかわる非常に重要なものとなる。特に、学校運営協議会といった組織を束ねて運営する地域本部は大きな影響力をもち、その設立によりネットワークが形成され、生み出される優位性によって、地域との連携や協働は加速される。

● 広報活動

　三点目は広報活動である。情報を発信しないかぎり、地域の学校に対する目は変わらない。地域からの学校支援が浸透し校内の状況が変わり、地域ボランティアが学校の変化を前向きな言葉で語るようになっても、地域の学校に対する評価はまったく変わっていないことに驚くことがある。

　あるエピソードを紹介したい。

　下校指導をしながら学区内を回っていると、地域住民が話しかけてきた。
「学校がだんだん良くなっているそうですね。聞きましたよ」
「ありがとうございます。みなさんのおかげで少しずつ変わってきました」
「でも、悪い子もいるんでしょ。先生も大変ですね」と言って、10 年以上前

の暴力事件が出てくる。地区住民が言いたかったのは、後半の「中学生は今も悪い」という部分だ。「それは、もう10年以上前の話ですよ。今は違います」と、学校関係者が言ったところで、その部分は忘れ去られて、「悪い」というイメージは残り、なかなか払拭できない。

　10年間でつくられたイメージを改めるには10年必要だということであろうか。地域コーディネーターと「情報発信が大切」との思いを共有し、広報誌を発行することにした。学校も学校だよりを毎月発行し、学区の全戸に回覧するとともに、ホームページを開設した。ホームページは、「情報には賞味期限がある」と考え、できるだけ頻繁に更新し、1年間のアクセス数10,000を目標にして関心の維持に努めた。

(2)　それでもこぼれ落ちる子どもたちがいる

　これまで述べてきたのは、中学生とはこれほどデリケートで壊れやすい存在であるということだ。自分の家が貧困と思った、あるいは教育環境が厳しいと感じた、それだけでその生き方を簡単に変えてしまうはかない存在でもある。そうだとしたら、学校と地域の連携・協働の目的は、平等であるべき教育という大きな手のひらからこぼれてしまった子どもたちの救済にあることは、言うまでもない。しかし、さまざまな実践にもかかわらず、高校への進学を最初からあきらめている生徒や、進学しても中退してしまう生徒はあとを絶たない。高校を退学になりそうだと相談にくる高校生はまだいいほうで、退学を決めてしまったあとの事後報告が多い。そんなときでも、保護者と面談して考え直すよう試みるが、保護者が「先生、もういいです。この子が決めてしまったので」と、子どもに根負けしてしまっていることが多い。

　中学校教員の3年間の苦労を思うと、些細なことで退学させてしまう高校の先生を恨むこともある。しかし同時に、彼らに教育の価値の大きさを気づかせてやれなかった自分たちの力不足を反省する。

　考えてみれば、教育からこぼれ落ちてしまう生徒たちが抱える課題は、貧困・両親の離別・教育格差・幼少期の生育歴など人によって千差万別であり、

全員一律、集団で実施する学校教育の細やかさの欠如が「落ちこぼし」のひとつの原因になっていることは疑う余地がない。そうした子どもたちを救い上げるために、できるかぎり個別支援を心掛けてはいるものの、支援活動全体は負担の大きなものとなり、組織で対応せざるを得ない。当然、組織の資源は十分なところばかりではないので、近隣と連携することでその脆弱さを補うしかない。

　学校支援活動に誘っても、まったく参加しようとしない生徒や、中途から将来に対する希望を失い投げやりになる生徒もいて、どのように対応していいのかわからないときもある。社会の歪みは弱者に最も顕著にあらわれていて、学校だけでは到底対処できるものではない。

　ただ救いは、そうした社会の歪みの直撃を受けている子どもたちを、それでも支えてくれるのが、彼らの友人や教員や地域ボランティア、地域住民である。彼らの支援を得て、元気づけられたり意欲を取り戻したりする生徒たちもいることは紛れもない事実である。

　社会的に弱い立場の生徒のために、地域の支援を得て行った活動が、生徒を等しくボランティア活動に目覚めさせ、自己肯定感や安心感、学校所属感を育む。さらにこうした感情は学校全体に拡散し、地域との協働へと関心が向かい、学校の雰囲気を大きく改善する。しばしば成功するこの事実が、私たちが学校と地域の連携・協働を進める希望であり、そこに有効な手立てがあるとすれば、その解明が今後の課題であろう。

(3) 活動の展望

　X中学校の学校支援活動が始まって10年が経過した。当初は学校の「荒れ」を鎮静化するため緊急避難的に発足した学校支援地域本部だったが、学校はずいぶん落ち着きを取り戻し、最近では学力も回復した。この10年間で教員は大きく入れ替わり当時のことを知る教員はわずかになった。教員とボランティアの顔合わせ会の実施や教職員とボランティアの合同研修会などを実施して意識の刷新を図ってきたが、年数を経るとともに地域本部や学校運営協議会

の存続に対する意欲が問題になり始めた。

　X中学校にかぎらず、どの中学校でも管理職をはじめ教員の異動がある。こうした流れのなかで、設立当初の危機感を共有しようとさまざまな企画を試みるが至難のわざである。求められるのは、現存する課題を見つけ、支援の新しい手法を考案するといった新たなミッションの探索や再解釈であり、学校や教員、地域ボランティアがこの組織を続けたいと思う、いわゆる「組織の慣性」を維持することにある。

　国の政策では、学習指導要領において「社会に開かれた教育課程」を掲げ、地域との連携・協働を拡大することでこうした課題に対応しようとしているが、そのためには地域の文化や要望を大切にしながら、生徒を観察し、組織を見直し、地域との協働作業を創作するといった具体的な活動が必要なことは言うまでもない。

　学校だけの力でこうした課題に対応することは難しい。学校支援地域本部や学校運営協議会といった組織に、やみくもに地域との連携・協働を働きかけても、実効があるしかも継続性のある取り組みになるとは思えない。なぜなら、組織の人的な資源が豊富なところばかりではなく、大半が脆弱であると思えるからである。

　これまでの学校と地域の連携・協働を振り返りこれからの活動の展望を考えるとき、社会はさらに変化の速度を加速しており、それぞれの学校で新たなミッションの探索と地域の実情の吟味や要望の丁寧な聞き取りを重ねる必要がある。そして、地域の多様なつながりをさらに掘り起こし、近隣の組織と協力関係を築きながら新しいネットワークを構築することが、新しい学校と地域との連携・協働や継続への手掛かりとなると考える。

3. 成果のまとめ

　X中学校の学校支援地域本部設立10周年記念研修会のアトラクションはヒップホップダンスの披露だった。ダンスチームのリーダーは、地域本部設立時に中学校に在籍していた卒業生である。日本で働くことになった外国人の父

親と一緒にやってきた。日本語の習得のため年下の学年に編入し、中学校では委員長を務めるなど生徒会活動も頑張った。卒業後はいろいろと苦労していることは噂で聞いていた。

　ダンス披露後、彼は発言を求め、「自分が中学生のときに地域本部が設立され、いろいろと支援してもらった。そのおかげで、学校生活を続けることができ無事卒業できた。卒業後もいろいろな苦労があったが、地域のみなさんの親切な支えがあったので乗り越えることができた。自分が今、ここにいることができるのは、みなさんのおかげだ。地域本部が中学校に設立されたことに、本当に感謝している」と熱い口調で語った。

　私たちは、学校支援地域本部の重要さを伝えようと原稿を用意していたが、彼の言葉に重ねて語る価値はないと感じた。さまざまな経験を重ねてきた人の言葉には説得力がある。教え子である彼の言葉から、私たちは大きな自信とさらなる取り組みへの意欲を得た。

　学校支援地域本部設立後10年の年月を経て、当時の中学生は社会人になり始め、社会貢献活動について学ぶ生徒も少しずつ増加している。これまでの生徒や地域ボランティアの変容が、少しずつ社会を変え始めた。福祉や社会教育の分野で活躍する卒業生も散見されるようになり、彼らを核として地域が徐々に変わりつつある。

　これまで紹介してきた学校支援地域本部活動の取り組みは、近年、文部科学省が進めている「地域学校協働活動」、すなわち学校が核となり地域を活性化するひとつの例となったといえよう。

　現在はすべての校種で地域との協働が謳われるようになったが、中学生は、実行力の大きさや保護者や地域との結びつきの強さ、地域への愛情において、他の校種をしのぐ面があると考えられる。その可能性の大きさは、本稿の実践と実証からも示唆されている。今後も中学校が核となる地域の再編、地域活性化の活動が全国で展開されると予想されることから、その実践の背景と効果の実証をさらに継続する必要があると考える。これからも、効果の実証を進めていきたいと思う。

引用・参考文献

藤原和博（2010）．校長先生になろう！　筑摩書房

ハート，A. H.　木下　勇・田中治彦・南　博文（監訳）（2000）．　子どもの参画──コミュ
　　ニティづくりと身近な環境ケアへの参画のための理論と実際──　萌文社

平田俊治・時岡晴美（2019）．学校支援地域本部が地域を活性化する──中学校と地域社会
　　の連携についての実践と実証──　香川大学教育学部研究報告, *1*, 75-85.

加藤弘通（2013）．　自尊感情とその関連要因の比較──日本の青年は自尊感情が低いのか？
　　──　内閣府（平成 25 年度）我が国と諸外国の若者の意識に関する調査, 119-133.

大久保智生・牧　郁子（2011）．　実践をふりかえるための教育心理学──教育心理にまつわ
　　る言説を疑う──　ナカニシヤ出版

大久保智生・時岡晴美・平田俊治・福圓良子・江村早紀（2011）．　学校支援地域本部事業の
　　取り組み成果にみる学校・地域間関係の再編（その 2）──生徒，地域ボランティア，教
　　師の意識調査から──　香川大学教育実践総合研究, *22*, 139-148.

志水宏吉（2014）．「つながり格差」が学力格差を生む　亜紀書房

時岡晴美・大久保智生・平田俊治・福圓良子・江村早紀（2011）．　学校支援地域本部事業の
　　取り組み成果にみる学校・地域間関係の再編（その 1）──地域教育力に注目して──
　　香川大学教育実践総合研究, *22*, 129-138.

第**2**部

軌跡から導く13のさらなる可能性

❶ 「支援から協働へ」が意味すること
～子どもを変えるから、子どもが変われる場をつくるへ～

加藤弘通 ● 北海道大学大学院教育学研究院

■ はじめに

平田先生との出会いは、本書でも登場する X 中学校の学校支援地域本部設立 10 周年の記念式典に呼んでもらったことがきっかけだった。その後も、学会で先生のユニークな実践を聞いたり、私信で書かれたものを読ませてもらったりしてきた。

たとえば、本書では詳しく触れられていなかったが、中学校で学力不振の生徒たちに、「勉強に苦労した君たちだからできることがあると思う」と小学校の学習支援へと向かわせ、その後、その生徒たちに「勉強できん子の気持ちは、自分らが一番よくわかる」と自信満々に言わしめた事例。自分自身が携帯・スマホトラブルに巻き込まれた中学生に、「君のその経験は貴重だから、ぜひ、その経験を生かした出前授業を小学校でやってくれ」と依頼した事例。いずれも本来なら指導・支援の対象となる生徒に対して、逆に活躍する場を与える発想に「さすがプロは違うなあ」と感心しきりであった。本書では、さらに管理職の視点から豊富な具体例が展開されており、これは大いに現場の教師の参考になることだろう。

さて、ここで私に与えられた役割は「実践がもつ多様な意義を論じること」である。平田先生の実践の面白さは、もちろんその具体的な次元にもあるのだが、ここではあえて抽象的な次元で、実践の意義について考えてみたいと思う。というのも、具体な実践は、文脈や個々の人物の人柄に制約されており、逆に他の学校では応用できないということがしばしばあるからだ。たとえば、本書で取り上げられていた盆踊り会を復活させた事例（87-90 頁）は、地域との協働を示す優れた事例である。しかし、それを他の学校でも実現できるかという

と、多くの学校では難しいだろう。なぜなら、各学校にはその学校が置かれた固有の文脈や事情があるからだ。では、この事例に実践的な意義がないかというと、そんなことはない。実践的に大事なことは「盆踊り会の復活」それ自体ではなく、それを通して、何が起きていたのか、どんな変化が起きたのかというより抽象的な次元である。この抽象的な次元は、それがわかれば、他の学校でも共有可能であり、それを目指して、自分たちの学校に応じたかたちで具体的な実践を考えることも可能になるだろう。

　それではここで示された実践の抽象的な意義とは何であろうか。平田先生は、複数の教育困難校で、さまざまな実践をされているが、多くに共通して起きていることがあるように思う。ここでは三つの抽象的な次元に注目しながら、その実践的意義について論じていきたい。

■ 向き合う関係から並び合う関係へ

　ひとつは「向き合う関係から並び合う関係へ」という関係性の変化である。この「向き合う関係から並び合う関係へ」というのは、ある保育者から教えてもらったことであるが、平田先生の実践にもあてはまり、いわゆる優れた実践の多くに共通しているのではないかと思う。

　どういうことかというと、次のような話であった。曰く、向き合う関係というのは、いわば大人と子どもが対峙するような関係である（図1a）。真剣に話を聞いたりするのにはよいけれど、遊びで保育者が特定の子どもとこの関係になると、第三者（他の子）が入りにくくなる。

　一方、並び合う関係というのは、互いが互いを見るというよりも、対象物を共有するような関係で、第三者が加わりやすい関係だそうである（図1b）。共有するものは、人でもよいし、何かを一緒に目指すという意味で目標でもよい。別にどちらの関係が優れているというわけではないが、保育や教育場面で、先生といわれる人は子どもと向き合う関係をとりがちである。したがって、向き合う関係でうまくいかないときは、少し目先を変えて、並び合う関係を意識するのも、ひとつの手だよというような話だった。

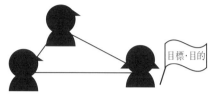

a. 向き合う　　　　　　　　　b. 並び合う

図1　向き合う関係と並び合う関係

　この視点でみてみると、平田先生の実践に共通するのは、向き合う関係だったものを並び合う関係へと再配置するということにあったのではないかと思う。たとえば、「荒れている学校」において、教師が問題生徒を指導で何とか押さえ込もうとするのは、向き合う関係であるといえる。互いが真剣であればあるほど向き合う力、監視する力は強くなるが、なぜか事態は好転しない。

　一方、地域の人を迎え入れるというのは、教師と生徒がともに「地域の人（を迎えること）」を共有した並び合う関係であるといえる。また地域連携という大人同士の関係でみても、教師と地域の大人が「子どもを何とかしたい」という目的を共有した並び合う関係であるといえる。

　さらに生徒と地域の人で考えても、うまくことが運ぶときは、この並び合う関係が成立しているように思われる。たとえば、第5章で学習ボランティアの方が「学習支援の活動では、ボランティアが一方的に教えるとか、見てあげるのではなく、生徒と一緒に考えたり、難しさを共有したりするところが、生徒にとっても良かったと思う」(101頁)と述べているが、「一緒に考える」「共有する」ということが、まさに「向き合う関係から並び合う関係へ」という変化のあらわれを象徴しているように思うのである。

■ 知り合うことの大切さ

　ふたつ目に共通して起きていることは、「知り合うこと」である。当たり前のことであるが、学校にはいろいろな生徒がいる。そのことはわかっていても、

実は相手のことをよく知らないということは、ままあることではないか。たとえば、問題を起こす生徒の過酷な家庭背景を知ることで教師の見方・かかわり方が一変する。また生徒自身も自分のことを知ってもらえたことで、教師への見方が変わり、関係のあり方がより穏やかなものへと変わるというのはよくあることである。逆に思春期の子どもたちが「（私のことを）よく知りもしないくせに」と反抗するのはこの裏返しだろう。第２章のＸ中学校のＡ君の事例の「叱られたか？」「いいや、何も」「寂しいなあ」「もう慣れた」（41頁）というやりとりは短いが、お互いを知り合うプロセスであったように思う。

　そのように考えると、学校が困難な状況に陥っているときというのは、実は互いが相手のことをよく知らないまま、コミュニケーションをとり続けているような状況なのかもしれない。逆に「荒れ」が収束するというのは、互いのことを新たに知り合うプロセスといえる。実際、「地域のボランティアと疎外感を感じている生徒とコミュニケーションの回復を図る試みがこの学校支援地域本部事業である」（100頁）といみじくも述べられているように、地域との協働がうまくいくためには、互いを知り合うという機会をどのようにつくるかが鍵になると思われる。そして、以下のボランティアの方の感想（101頁）にみられるように、相手を知ることは、穏やかな関係、ある種の寛容さを生み出す。

　・それまでは中学生に関心を払わなかったし、「中学生」という塊でしかなかったが、（中学生を）個人として見るようになった。
　・自分の子どもに、当時、こんなに余裕をもって接することができていたらと感じるところがあり、自分の子育てについて改めて見直すきっかけとなった。当時できなかったかかわり方ができた気がする。

　私たちはよく「相手のことを考えろ」「その人の気持ちになってみろ」などと子どもや他の人たちに寛容さを求めるが、その前に互いに知り合うという単純な作業が必要である。寛容になることで相手を知ることができるのではなく、相手を知ることで寛容になれるというところに、ポイントがあるのだと思う。

■ 誰かのためにあること

　最後は教師が生徒自身に何か直接、働きかけるというより、活躍の場を与えることの大切さである。一般的に「活躍」というと、「かけっこ」のように誰かをしのぐ、卓越することがイメージされがちである。しかし、本書での実践で示されている活躍とは、他者の役に立つといったように「誰かのためにあること」を意味している。

　発達的にみれば、思春期は、「自分というものを相手のこころのなかにおいてみる」（石田，1979）時期だといわれる。これは「相手にとって自分はどういう存在か」を問うことを意味しているが、とりわけ日本の若者においては、これと自尊感情との結びつきが強い（加藤，2014，2019）。したがって、生徒の自尊感情を育もうと思うなら、彼女・彼らの「ありのままを認める」といった直接的なかかわりだけでなく、彼女・彼らが「誰かのためになれる場を準備する」という間接的なかかわりも重要である。そういう視点でみるなら、平田先生が行った学校支援地域本部事業というのは、中学校内外にそのような活躍できる場をつくりだす活動であったともいえる。

　本章の冒頭で紹介した学力不振や携帯・スマホトラブルなど、中学校ではさまざまな問題を抱えた生徒の小学校への派遣などはもちろん、公園の草刈りの始末、盆踊り会の復活、校内美化、ほとんどの活動が「優れた自分」ではなく、「誰かのためにある自分」を生徒が経験できるものであったと思われる。問題を抱えた生徒のなかには、他者から自分のために何かをしてもらう経験が少なかったり、いろいろなかたちで自分のことをあきらめざるを得なかった者も多い。にもかかわらず、誰かのために何かをする場で力を発揮し、自己肯定感を高める中学生というのは、もっと注目されてもよいのではないだろうか。

　思春期は、能力的にはいろいろ考えたり、できることが増えたりする一方で、社会的に制限されることが多い（たとえば、働けるにもかかわらず、アルバイトは禁止されるなど）。つまり、その意味で「できるのにさせてもらえない」くすぶった時代である。したがって、私たち大人は、日本の子どもの自己肯定感や自尊感情が低いことを嘆くよりも、もっと中学生が活躍できる場を用意し、自

治を尊重すべきではないだろうか。そして、このことは決して、中学生だけにあてはまることではない。ボランティアの人たちのコメントをみても、誰かのためにあることで自己を肯定できるというのは大人にも等しくあてはまることである。これが支援される学校から、「地域と協働する学校へ」が意味するところであると思う。

　以上、より抽象的な次元で平田先生の実践の意義を検討してきたが、今後の課題となるのは、この抽象的な次元を現場の教師でどのように共有するかである。しばしば、現場の教師は、具体的であることが実践的であると考えがちである。しかし、先にも述べたように、具体的であるということは、さまざまな現場固有の制約を受けるため、実は他の現場では使えない、つまり実践的ではないということがしばしば起きる。したがって、抽象的であることこそが、より実践に資するという見方そのものも含め、モノの見方を他の教師とどのように共有していくのか、「先輩の背中を見て学べ」を超えて、その具体的な仕掛けを考えていくことが今後の課題であると思う。

引用文献

石田和男（1979）．思春期の生きかた──からだとこころの性──　岩波書店
加藤弘通（2014）．自尊感情とその関連要因の比較──日本の青年は自尊感情が低いのか？── 平成25年度 我が国と諸外国の若者の意識に関する調査内閣府，119-133.
加藤弘通（2019）．自尊感情の発達的推移とその関連要因の変化──我が国と諸外国の若者の意識に関する調査（平成30年度）── 内閣府，149-164.

❷ 学校支援地域本部にみる子どもの援助の展開
～学校心理学の視点から～

飯田順子 ● 筑波大学人間系心理学域

■ はじめに

　「現在の教育課題の多くは学校だけで解決するには限界をすでに超えている」（22頁）という平田先生の考えに私もまったく同感であり、公立学校は今後ますます社会経済的な厳しさにさらされていくと考えられる。しかし、「ため息はご法度よ」（38頁）とあるように、私たち大人が沈んでいるわけにはいかない。社会資源をフル活用し、学校や社会が抱える課題解決を目指した創意工夫が学校現場では求められている。平田先生の実践は、子どもや家族が抱える援助ニーズにどのように学校が応じていくかという点において、非常に示唆に富む実践である。以下、平田先生の実践を、私が専門とする子どもを学校でどのように援助するかに関する実践・学問体系である"学校心理学の枠組み"から考察する。

■ 学校支援地域本部事業の目的と学校心理学における子どもの援助

　学校支援地域本部事業は、子どもの"援助ニーズに応じる援助の拡充"という目的において、学校心理学と目指す方向性が重なる。学校心理学は、「学校教育において一人ひとりの児童生徒が学習面、心理・社会面、進路面における課題への取り組みの過程で出会う問題状況の解決を援助し、成長することを促進する心理教育的援助サービスの理論と実践を支える学問体系」と定義されている（石隈, 1999, p. 66）。学校心理学は、一人ひとりの子どもがもつ援助ニーズをいかに把握し、多様な援助者で協働し、援助をコーディネートし提供していくかに焦点を当てている。平田先生の実践は、地域の力を活用し学校を支援する事業を通して、そこに通う一人ひとりの子どもがもつ多様な援助ニーズに

応じる試みと考えられる。

その姿勢は、「学校と地域の連携・協働の目的は、平等であるべき教育という大きな手のひらからこぼれてしまった子どもたちの救済にあることは、言うまでもない」（106頁）という平田先生の言葉にあらわれている。米国では、2002年に施行された初等・中等教育改正法［No Child Left Behind Act（どの子も置き去りにしない）、以下、NCLB法（たとえば、野口・米田, 2012）］があるが、日本ではそれに代わる法律はみられない。広がりつつある格差に対して、子どもを援助する法律的な裏付けがないということである。しかしながら、1994年に国連の子どもの権利条約に遅ればせながら158番目の国として批准して以降、2001年「スクールカウンセラー配置事業」、2007年「特別支援教育」、2008年「スクールソーシャルワーカー配置事業」、2013年「いじめ防止対策推進法」、2016年「障害者差別解消法」、「教育の機会確保法」の成立と、一人ひとりの子どもの援助ニーズに応じて支援を拡充していくための動きが次々と打ち出されている。法律を実行に移すのは人である。一人ひとりの子どもの援助ニーズに寄り添い、教育の大切さを伝え、学ぶ意欲をもてるように働きかけていくことが、公立学校に課された重要な役割のひとつであると考える。米国では、学力や進学率など差がみられる特定のグループ（人種、親の教育歴、社会経済的地位等）の権利擁護を重視する実践や研究を総称して"ソーシャル・ジャスティス（社会的公平）"の研究とよび、注目が高まっている（Graybill, Baker, Cloth, Fisher, & Nastasi, 2018）。平田先生の実践は、日本の社会や文化がもつ良さを生かした社会的公平を目指す実践という印象を受けた。

■ 学校支援地域本部事業で展開された事業と子どもの援助ニーズ

学校支援地域本部事業で展開された事業には、学習支援活動、環境整備活動、読み聞かせ活動、人権やスマホにかかわる取り組み、小学校との協働活動――小学校の「学習支援」活動への参加、地域行事への参画があげられている（32-36頁）。これらの活動は、学校心理学の4領域の援助ニーズと関連している。学校心理学では子どもが援助を必要とする側面を、学習面、心理・社会

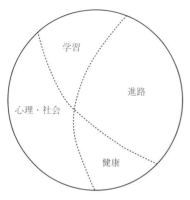

面、進路面、健康面の４領域からとらえる（図1）。学校心理学の創設期に行われた中学生・高校生を対象とした"ニーズ調査"では、子どもはこの４領域において多様なニーズをもっており、なかでも学習面・進路面のニーズは多くの児童生徒に共通する悩みであることが示されている（石隈・小野瀬, 1997）。援助者は、この４領域を通して子どもの援助を試みるが、この４領域の中核に子どもの自尊感情や自己肯

図1　トータルな存在である子どもたち
　　とその四つの側面（石隈，1999）

定感など子どものエネルギーの源となる自己イメージがあると考えられる。

　平田先生の実践の柱のひとつが、学習面を軸に展開されている。学校は授業を中心に構成されており、学習面のつまずきは他の多くの面に影響する（例：進路決定への自信の低下）。地域ボランティアによる学習支援は、勉強がわからなくなりつつある生徒に、大人が寄り添い援助する。X中学校の実践で、確率がわからないと女子生徒が学習ボランティアにぼやく場面がある（44頁）。そこで70歳前の女性が、「こんなの出りゃーせん。私もわからんけど、生きてこられた」と豪快に言い放ち、その後この生徒はこのボランティアの家に勉強を教えてもらいに通うようになったとある。この生徒はこのボランティアを「先生」ではなく、「おばちゃん」と呼び続ける。子どもが求めているのは、わかりやすく正確に勉強を教えてくれる「先生」だけでなく、難しくなっていく勉強との折り合い方を教えてくれる大人であるように思う。また、子どもが勉強を教えてもらいたい大人を選べるのは、このシステムならではであろう。

　環境整備活動や地域行事への参画は、子どもの進路面の援助ニーズと関連している。この事業を通して、子どもたちは多くの大人に接し、多様なロールモデルを得ている。また、一緒にトイレをピカピカに磨くことは労働の成果を目で見て感じることができる作業であり、地域活動への参加要請に応じた地域活

動は社会とのつながりのなかで自分ができることを実感できる活動である。中央教育審議会（2011）で示されたキャリア教育の柱は、（ア）人間関係形成・社会形成能力、（イ）自己理解・自己管理能力、（ウ）課題対応能力、（エ）キャリアプランニング能力という四つの基礎的・汎用的能力とされているが、平田先生の実践で展開されている多くの活動がこれらの柱と関連している。また、学習や進路に関するこうした活動は、子どもの「この地域に居場所がある」「この地域に親しみを感じる」などの項目の得点を高めており、子どもの心理面・社会面にも肯定的な影響を及ぼしていると考えられる。

■ 学校支援地域本部事業で展開される 4 種類のヘルパー

平田先生の実践に深くかかわる学校心理学のもうひとつのモデルにヘルパー論がある。石隈（1999）は子どもの援助者を、「4種類のヘルパー」に分類している。まず、「専門的ヘルパー」は子どもの援助を専門的に行う者であり、スクールカウンセラーやスクールソーシャルワーカーが該当する。次に、「複合的ヘルパー」は、授業、学校行事の運営など複合的な仕事をするなかのひとつの役割として子どもの援助を行う者であり、教師や養護教諭が該当する。「役割的ヘルパー」は、職業上の役割ではなく、親としての人生の役割上、子どもの援助を担う者であり、保護者が該当する。最後の「ボランティアヘルパー」は、仕事上も人生の役割上も子どもの援助を行う義務はないが、「放っておけないからやる」のであり、「やって楽しいから、自分にプラスになるからやる」のである（石隈，1999）。子どもにとって最大のボランティアヘルパーは友人であり、他に地域で子どもを見守る野球チームのコーチや近隣のお店の店主などが含まれる。

平田先生の実践では、ボランティアヘルパーの活用が鍵を握っている。Z中学校の実践のなかで、国からの補助金が打ち切りになり、ボランティアや保護者、教職員に負担をお願いした場面がある（90-91頁）。「土曜日の早朝に、たとえ少額といえどもお金を払って学校のトイレ掃除をしに来てくれる大人がはたしているのだろうか」と不安に思う平田先生の前に、100人を超えるいつも

のボランティアメンバーが集まり、学校のトイレを磨いてくれたという。「これ以上善良な人は、世の中にはいないのではないだろうか」（91頁）という平田先生の実感にとても共感を覚える。世の中捨てたもんじゃないと心から思える。この大人の想いは子どもたちにきっと伝わるだろうと思う。石隈（1999）は、ボランティアヘルパーの課題を、①関係の不安定さ、②受ける側の魅力の必要性をあげている。活動を安定させるためには、お互いにとってメリットのある魅力的な活動にすることが必要である。「トイレをピカピカに磨く」ことは心を磨くこと、ボランティアヘルパーもこの活動に魅了されたのだろう。また地域で育つ子どもをサポートしたいという想いは多くの大人がもっている自然な想いではないだろうかと思う。学校が地域から閉ざされていると、その想いを実践することができず"学校は何をやっているんだ"という外野の声に変わってしまう。

　学校が地域に開かれたとき、学校と地域がともに子どもを育てるということが実践されるのだと思う。そこには大変なこともたくさんあると思うが、子どもを育てるという営みは学校だけでできるものではないと実感する。

■ 実践にみる3段階の心理教育的援助サービスの展開

　学校心理学では、子どもの援助ニーズに応じて行う援助サービスを3段階に分類している（図2：石隈，1999；水野，2019）。土台となる一次的援助サービスは、すべての子どもを対象とした援助サービスであり、わかる授業・楽しい授業、対人関係・学習スキルの練習、自己理解の促進、援助を求めるスキルの練習などが含まれる。二次的援助サービスは、登校しぶりや学習意欲の低下がみられる生徒、転校生や帰国子女など生活の変化を経験している生徒、親の離婚や家庭の経済的困窮などを経験している生徒など、一部の気になる生徒を対象とする。ここでの鍵は、子どものサインを早期発見し、タイムリーにかかわることである。三次的援助サービスは、不登校やいじめの加害・被害、発達障害など、援助ニーズが高い特定の児童生徒を対象に、援助者のチームにより個別的・集中的な援助が行われる。

図2　3段階の心理教育的援助サービス、その対象および問題の例
（石隈，1999 を一部改変）

この観点から特に印象に残ったエピソードとして、X 中学校で一部の生徒が
教室を飛び出し先生が追いかけるという状況が多発しているなか、教室に残さ
れている生徒たちの様子や表情を平田先生がキャッチし、「幹を大切にしよう」
とおっしゃった場面がある（54-56 頁）。平田先生は管理職として、先生方に、
「学校で問題行動を起こす生徒数は、全校のわずか 1％ ほどだ。残りの 99％ の
生徒は、学校生活に真面目に取り組んでいる。いわば学校の幹である。その生
徒たちの信頼を損なうことのないよう気をつけよう」と話され、教室を出て行
く生徒には声はかけるがあとは追わない、職員室にいる残りの教師が対応を手
分けして行うという具体的なマニュアルを示された（55-56 頁）。すべての子ど
もは発達・成長していく過程で援助ニーズをもっている。一部の生徒のために
授業が行われないことは、他の子どもにとって危機的な状況になる。このエピ
ソードを読んで、改めて一次的援助サービスの重要性を実感した。そして、援
助ニーズの高い生徒に対してはチームで対応する。そのことがまさに実践され
ていた。足りないところは、地域の力も含めてチームで対応する。これからの
学校は管理職のリーダーシップと学校のチーム力が問われていると感じる。

■ おわりに

　中学校は義務教育の最後の砦とよく言われる。中学校は自分とは何者かという自己のアイデンティティを考える入り口の時期であり、この段階をどう過ごすかはその後の生き方に大きな影響を与える。中学校時代に、学習ボランティアから勉強を教えてもらった体験や、自分が小学校に行って教えた体験、土曜日に朝から地域の人と一緒にトイレをピカピカに磨いた体験、地域の人と一緒に地元の盆踊り会を復活させた体験は、子どものなかに机上では学べないたくさんのエピソードを残すであろう。中学校時代に習った学習内容は忘れても、こうした個人的エピソードの記憶は不思議と残るものである。社会のなかで多様な人とかかわって学ぶ体験は、カリキュラムの中心にもっと取り入れられてよいように思う。平田先生の学校支援地域本部事業で示されているリアルな学びは、多くの子どもに学ぶ楽しみや喜びをもたらし、生きていくために必要な"ライフスキル"（飯田，2014）を伸ばしているように思える。平田先生の実践は援助サービスの新しい展開であると同時に、新しい教育のモデルとしての可能性をもっていると感じる。

　最後に援助サービスの視点からみた課題や今後の展望について、二点言及したい。平田先生の実践にみられるように学校全体の風土の改善は、生徒全体に大きなプラスの影響を及ぼすことは明らかである。一方で、個々の生徒の課題（さまざまな特性やメンタルヘルスの状況、家庭の養育上の課題）に学校教育が応じていくためには、スクールカウンセラーやスクールソーシャルワーカー、キャリアカウンセラー、言語療法士や理学療法士など、多様な専門家が学校を拠点としてワンストップで生徒が必要とする援助を提供できるような学校づくりを同時に進めることも必要に感じる。もう一点は、この実践のシステム化についてである。もちろんシステムを動かすのは人であり、人が変わると良い実践もうまくいかないことが多々ある。しかし、良い実践を持続可能にし、普及していくことはやはり重要であろう。そのためには、方法論を共有できるよう明文化し、カリキュラムに位置づけるなど、システム化が必要になる。キャリア教育や教科学習の一環として、子どもたちがリアルな学びを得る方法として

定着することを期待したい。

引用文献

中央教育審議会（2011）．今後の学校におけるキャリア教育・職業教育の在り方について（答申）

Graybill, E., Baker, C. N., Cloth, A. H., Fisher, S., & Nastasi, B. K. (2018). An analysis of social justice research in school psychology. *International Journal of School and Educational Psychology, 6,* 77-89.

飯田順子（2014）．授業を変える心理教育的援助サービス　石隈利紀・家近早苗・飯田順子　学校教育と心理教育的援助サービスの創造　学文社

石隈利紀（1999）．学校心理学——教師・スクールカウンセラー・保護者のチームによる心理教育的援助サービス——　誠信書房

石隈利紀・小野瀬雅人（代表）（1997）．スクールカウンセラーに求められる役割に関する学校心理学的研究——子ども・教師・保護者を対象としたニーズ調査より——　文部省科学研究費補助金基盤研究（C）（2）研究成果報告書

水野治久（2019）．3段階の心理教育的援助サービス——すべての子ども，苦戦している子ども，特別な援助ニーズを要する子ども——　石隈利紀（編）公認心理師の基礎と実践——教育・学校心理学——　遠見書房

野口晃菜・米田宏樹（2012）．米国における通常教育カリキュラムの適用を前提とした障害児教育の展開　特殊教育学研究，*50,* 413-422.

**「荒れた」中学校と地域社会を結び
生徒の成長を支える学校長のリーダーシップ**
～バフチン・ダイアローグ（対話）論の視点から～

田島充士 ● 東京外国語大学大学院総合国際学研究院

■ はじめに

　校内でバイクが走り回る。授業中にもかかわらず、歓声を上げて廊下を駆ける生徒たち。トイレには、生徒たちが吸ったタバコの吸い殻だらけ。このように、いわゆる「荒れた」中学校の学校長を歴任した平田俊治氏は、生徒たちの成長の可能性を信じ、さまざまな策を講じ続けてきた。そのなかで平田が最も注力をし、また効果を上げた策のひとつが、地域社会の人々を学校の味方として巻き込み、生徒たちの支援に当たってもらうというものだった。

　本稿では地域社会の人々との連携に着目し、この連携を効果的なものとした、平田および関係者が展開した相互交流について、1920年代以降にロシア（旧ソ連）で活躍した文芸学者・M. M. バフチンのダイアローグ（対話）論の視点から考察を行う。またこの種の交流を組織した、平田のリーダーシップについても論じる。

　なお著者は、スクールカウンセラーなどとして小学校や中学校の臨床現場での勤務経験がある。また大学教員になった現在も、教育心理学を専門とする研究者として、学校現場の教員と共同研究を進めている。本稿はこの著者の立場から執筆を行ったものである。

■ あたたかな関係が促進する個の成長

　子どもは世話をしてくれる大人とのあいだに、強い信頼感に基づいた絆を結ぶことで、学習・発達の基盤とする。この情緒的結びつきは、発達心理学において「愛着」とよばれる（ボウルビイ，1981）。安定した愛着を大人とのあいだ

に築くことができた子どもは、しだいに、単独でも家庭外の世界の探索を行えるようになる。その際、危険を感じれば助けを求めることができる大人が、背後に控えていると子どもが認識していることが大切な守りとなる。この関係は、「安全基地」ともよばれる。

　不登校などの不適応行動を示す生徒たちの多くに、家庭環境の不安定さが認められるという傾向のメカニズムも、この愛着理論を視点とするならば、無理なく理解できる。本来、第一の安全基地となるべき親との関係が不安定な子どもたちは、中学生であっても落ち着きを失い、周囲の人々への不信感を露わにすることがある。生徒たちが非行行動を繰り返すのも、実は、自分たちをどこまで受け入れるのかを試すことで、相手がこの安全基地にふさわしい関係となり得るのかをみているのだと解釈できるかもしれない。

　「手本となり成長を支援する身近な大人」（26頁）と出会うことで、一人ひとりの生徒が安全感・安心感をもって学校生活を送ってもらおうとする平田の取り組みも、彼らの発達を支えるこの安全基地の提供を目指したものといえるだろう。青年期以降は、この安全基地となる対象は家庭外の大人や友人などに拡張していくと考えられるので、このような取り組みの、子どもたちの成長に対してもつ影響力は大きなものになるといえる。

　しかし教員は生徒たちの支援者であるだけではなく、彼らの学びと生活を指導し評価する管理者でもある。教員の管理者としての顔は、学校での生活に自信をもてない生徒にとっては、ときに脅威・不安を感じる存在になるのかもしれない。教員に対する生徒らの暴力・暴言などは、その不安感を背景にしたものだろう。

■ 地域社会の人々（他者）とのダイアローグが促進する成長

　そこで平田が着目したのが、地域の人々である。平田は、彼らを巻き込んだ地域連携事業を生徒支援の中核に据える。

　無論、地域社会の人々が個人として、教員よりも生徒の扱いにおいて特段に優れているというわけではない。しかし彼らは、教員がもたざるを得ない管理

者としての顔をもつ必要がない。しかも彼らは「地域の中核となる学校を助けたい」「子どもたちの成長を支えたい」など、生徒たちにとって善良な動機づけをもつ人物である。生徒たちは、普段の人間関係とはまた異なる人々（「斜めの関係」、29頁）からのポジティブな評価を得、安全感・安心感をもちながら、元気を取り戻すことが多いのだと平田はいう（エピソードZ-5、82頁など）。

　このような、共同体外の人間（本稿ではバフチンの議論に従い「他者」とよぶ）が与えるポジティブな心的影響については、バフチンが論じている（田島，2019a, 2019b, 2020a）。バフチン（1995）は、普段の活動領域が異なる他者とのコミュニケーションを、近しい仲間や家族同士の相互交流と区別して、「境界線上のダイアローグ」とよぶ。

　この他者とのダイアローグを続けるためには、生徒は、自分の意志を論理的かつ丁寧に言語化して伝える必要がある。生活世界を共にする親や教員との間では、わざわざ言語化しなくてもよい文脈的情報を、他者はもたないからである。これはかなり困難な認知的作業である。実際に平田は、ボランティアの大人との座談会で自分の言いたいことを十分に伝えられず、「だめだ。もの足りなかった！」とフラストレーションを抱える中学生の事例を紹介している（エピソードY-5、70頁）。

　その意味では他者は、話し手にとって察しの悪い聞き手なのだが、このように手間のかかる言語化により、普段の生活のなかでは自覚できない思考内容が意識化され、話者の省察を深める効果が期待できるとバフチンはいう。さらに「好意・愛」（先述の「愛着」に該当する）をもって接する他者の応答からは、普段の人間関係においては気づきにくいポジティブな自己像が得られることもある。「自分が思ってもみなかった自分の良いところに気づいた」というような体験である。

　　好意のある境界設定。そして協同。……境界を定めることは多ければ多いほどよい、好意のある設定であればだが。畦のうえに喧嘩なし。協同。国境地帯の存在。（バフチン，1988）

愛は境界を慈しみ愛撫する。境界はあらたな意義を獲得することになるのだ。愛は対象が不在のところでその対象を語ることはなく、その対象そのものと一緒にそれを語らう。(バフチン，2018)

　生徒からみて、親や教員など近しい大人とのあいだで育む信頼感と、地域社会からやってくる他者と構築する信頼感の特性は、若干、異なるものになるだろう。それは保護される者として受け取る、「子どもとしての愛着」と、相互の良い点を見出しながら協働するパートナーとして受け取る、「大人としての愛着」との違いと表現できるかもしれない。平田が連携を呼びかける大人の多くは、中学生を、地域活動を支え得る相棒として扱う。その他者との境界線上の関係のなかで、ポジティブなフィードバックを得て自己実現を果たしていく生徒たちは、少しずつ自己に対する意識化を深めながら、自律的に問題解決を行う力を培っていく。

　実際、平田が紹介する事例の多くには、中学生が他者とのダイアローグを通じ、驚くような洞察力と他者に対するポジティブなイメージをもって成長を遂げている様子が記録されている。その意味では、平田が導入した地域社会の人々とのダイアローグにおける境界線は、生徒たちを育てる境界線となり、大人の関係のなかで築かれる安全基地のリソースとして機能していたのだといえる。

■ 関係者を好意ある他者とする学校長のリーダーシップ

　しかし他者との関係が、生徒たちを育てる境界線上のダイアローグとなるのは、学校側の努力と配慮のおかげでもある。そもそも活動文脈や関心が異なる者同士が接触するうえで、最初からスムーズな意思疎通が図れるということは稀だろう。実際、平田の報告にも、地域の人々による不用意な発言のために生徒たちが荒れてしまったり、地域の実力者から連携協力を拒否されたりする失敗事例が紹介されている。

　しかし学校長としての平田は、このような困難を前にしても前向きさを崩さ

ない。連携を拒否する地域の実力者に対しては、腹立ちを感じながらも、連携事業の困難さについて本音でしゃべってくれているのだととらえ、働きかけを続けることで学校の本気度を見せることに成功した（エピソードY-3、65頁）。そして平田以外の、この事業のために地域と学校を奔走する教員や地元社会の人々の意見をまとめるコーディネーターなども、このような力を発揮していたと思われる。ある意味で「人たらし」とでもいえるようなこれらの人々の努力と魅力が、地域と連携して学校を立て直すという困難な事業を成功させた、大きな要因であったことは間違いないだろう。

　田島（2020b）はこのような、異質な活動履歴を背景とする他者を接続し、個々の言い分を丁寧に聞きながらもなお、集団を率いるための独自の決定を下すことができるリーダーの特性を「異文化跳躍力」とよぶ。自分の意見に対して批判的な評価を下す複数の他者ともじっくり付き合い、場合によっては自身の考えを柔軟に変更しながらもなお、独自の判断を下すことができる者としてのリーダーシップである。平田自身は「（新任の校長として）自分が赴任したとき、誰に相談するか、誰の力を借りるかに考えをめぐらせているのだから、ずいぶんと意気地のない校長だ」（エピソードY-1、61頁）と自嘲するが、このような腰の低さと集団を率いる意志の強さが同居するリーダーこそ、この異文化跳躍力を発揮できるのかもしれない。

　状況によっては反対者になってしまう可能性のある他者に対しても味方に巻き込んでしまう力をリーダーが発揮し、事業の意図を丁寧に説明することで、地域社会の人々は、生徒を育て得る好意ある他者になるのだろう。またそのためには、リーダーは、他者に対する感情もニュートラルなものとして調整することも必要になるだろう。このように教員や地域の人々による、地道な努力と配慮を守りとして、個々の生徒たちの成長が促進されるのだと改めて感じた。

■　まとめ

　著者がさまざまなかたちで支えていただいた入野博氏（現在高知県香南市教育長）に、学校運営におけるリーダーシップのあり方についてインタビューを

行ったことがある。多様な状況にある教育現場での指導歴が長い入野は、教員間の前向きな空気感が大切であり、生徒たちの成長を支えることにもなる雰囲気を職員室のなかにつくるのが学校長の役割なのだと強調した。

　　職員室の会話のなかに、マイナス的なことが多いときには、やはり物事はうまくいかないんですね。だから子どもたちのちょっとした場面でもプラスの面をとらえて、「今日、こんなことありましたよ、先生のおかげですよ、お疲れ様！」とか、「この調子でいきましょうか！」みたいなかたちで個々の先生方にフィードバックしていくんですね。こういったちょっとしたところから、視点を変えていって、先生たち自身が「そうかな？」と思い始めると、もう学校全体がいい方向にいくんですね。（内容はICレコーダー記録から一部抜粋・編集している）

　入野が語るこのエピソードには、平田による学校運営の分析と重要な共通項がある。それは、生徒たちにかかわる教員の語りを、未来へ向かうポジティブなものへと変えていくという点である。

　たとえば平田は、本来、生徒自身で作成すべき学校行事のあいさつ文を、教員が代わりに書いて生徒に読ませていた事実を知ったエピソードを紹介する。たいていの人であれば、生徒に対する指導を怠る教員の態度に衝撃を受け、このような対応をとった教員を非難したかもしれない。しかし平田はこのエピソードに対し、あいさつ原稿を教員が用意しているということは、若い教員の負担軽減であり、生徒指導に努力をしてきた証だと理解し、教員らを批判するのではなく、彼自ら、生徒たちのサポートに入ろうとする（エピソードY-5、68頁）。

　このように学校組織の良いポイントを見出し、その力を促進するような声かけをしてくれる学校長のもとでは、教員も安全感・安心感をもって生徒への対応にあたるようになるだろう。そして職員室での同僚とのやりとりも、互いに安全感・安心感をもたせるようなものになるのだろう。このような教員間の強

固な信頼関係が、子どもたちの成長を支えるリソースであることは、ノルウェーで実施された大規模調査においても実証されている（Sørlie & Torsheim, 2011）。実際に著者もスクールカウンセラーとして、生徒たちに接する教員らが安心感をもつことで、その生徒たちが安心感をもって他者とダイアローグを交わし、成長していく様子を、何度も観察したことがある。

　その意味では、生徒たちに携わるさまざまな人々とのあいだで好意あるダイアローグを展開することができる学校長のリーダーシップは、生徒たち一人ひとりの成長を支援するうえで、非常に重要な要素なのだといえる。またこのようなリーダーの姿は、生徒たちにとっても良い大人のモデルとなるだろう。生徒たちの笑顔を支え得る学校運営のあり方に関する研究が、今後、さらに進むことが望まれる。

付記

本論文は、独立行政法人日本学術振興会・科学研究費助成事業（基盤研究（C）・課題番号：18K03060・平成30年採択）の助成を受けて執筆した。

引用文献

バフチン, M. M.　新谷敬三郎（訳）（1988）.　一九七〇――七一年の覚書　バフチン, M. M.　新谷敬三郎・伊東一郎・佐々木　寛（訳）ミハイル・バフチン著作集⑧――ことば　対話テキスト――（pp. 279-319）, 新時代社

バフチン, M. M.　望月哲男・鈴木淳一（訳）（1995）.　ドストエフスキーの詩学　筑摩書房

バフチン, M. M.　貝澤　哉（訳）（2018）.　修辞学が, その嘘偽りの程度に応じて……　東浩紀（編）ゲンロン9：第一期終刊号（pp. 142-149）ゲンロン

ボウルビイ, J.　作田　勉（監訳）（1981）.　ボウルビイ母子関係入門　星和書店

Sørlie, M-A., and Torsheim, T. (2011). Multilevel analysis of the relationship between teacher collective efficacy and problem behaviour in school. *School Effectiveness and School Improvement, 22,* 175-191.

田島充士（編）（2019a）.　ダイアローグのことばとモノローグのことば――ヤクビンスキー論から読み解くバフチンの対話理論――　福村出版

田島充士（2019b）.　心理臨床場面で活きるバフチン・ダイアローグ論――オープンダイアローグを考察対象として――　臨床心理学, *19,* 539-545.

田島充士（2020a）.　バフチン理論における詩と小説――ソクラテスのダイアローグ論および

カーニバルにおける笑い論を中心的な視座として——　総合文化研究, *23*, 102-124.

田島充士（2020b）．　多文化社会を創造的に生き抜くための異文化跳躍力育成について　総合
　　文化研究, *23*, 160-162.

❹ 「ここにいてもいいんだ」と思える学校
〜学校所属感を生み出す実践〜

岡田　涼 ● 香川大学教育学部

■ 中学生にとっての学校所属感

　タイトルは某人気アニメの最終回を思わせるかもしれないが、私が平田氏の実践から感じたことを一言であらわすとこうなる。平田氏は、実践を通して、さまざまな背景を抱える生徒が「ここにいてもいいんだ」と思えるような学校をつくってきた。学校と地域とのつながりをつくることによって、生徒の居場所を保証しようとしてきたのである。

　学校での居場所の感覚は、学校所属感（sense of school belonging）という概念をもとに研究が蓄積されてきた。学校所属感は、自分が学校の一員であるという感覚であり、学校環境における他者からの受容や尊敬の感覚を指す（Goodenow & Grady, 1993）。学術的な定義は研究によってさまざまであるが、素朴には「自分はこの学校にいてよかった」という気持ちや、「学校に自分の居場所がある」と感じられることが学校所属感である。平田氏が示しているように、「自分の学校が好きだ」という愛着が学校所属感の中核である。

　当然ながら、生徒が学校所属感をもてるかどうかにとって、教師や仲間の役割は大きい。教師からのサポートや友人からのサポートは、生徒の学校所属感と関連することが明らかにされている（Allen, Kern, Vella-Brodrick, Hattie, & Waters, 2018）。教師や友人との関係が良好であれば、学校は居心地の良いものになる。一方で、教師や友人との折り合いが悪ければ、生徒は学校に自身の居場所を感じることは難しくなる。教師が重視する学業に向き合えず、級友たちのあいだで共有される向社会的な規範にうまく合わせることができない生徒は、学校に対する所属感が低くならざるを得ない。

　学校所属感はそれ自体が大事なものである。毎日通う学校を好きだと思えな

かったり、教室に居場所がないと感じてしまったりするのは悲しいことである。それ自体の重要さに加えて、学校所属感は生徒のさまざまな面に影響を及ぼすことが明らかにされている。多くの研究から、学校所属感の高さが、学習に対する動機づけを高め、退学傾向を低めることが示されている（Anderman & Anderman, 2010）。学校所属感は、生徒が学業に向き合い、学校生活を送っていくための心理的な基盤になるのである。

■ 社会的関係のメーターとしての自尊感情

　平田氏は、かかわってきた生徒の背後に、自尊感情の低さを読み取っている。学校所属感は、生徒の自尊感情とも深くかかわっている。自尊感情の役割を説明する社会心理学の理論に、ソシオメーター理論（sociometer theory〔Leary & Baumeister, 2000〕）というものがある。ソシオメーター理論では、自尊感情が自分を取り巻く社会的関係の状態を知るためのメーターの役割を果たしていると考える。まわりの人々から受容され、集団への所属が保証されているときには自尊感情が高まる。反対に、社会的に拒絶され、集団への所属が危うくなると自尊感情が低下する。原始社会において、集団への所属は死活問題であり、人は常にその状態を知っておく必要があった。そのため、人は集団に所属したいという欲求をもつと同時に、所属の状態を感知する社会的なメーターとして自尊感情をもつようになったというのである。

　自尊感情を低下させるような社会的拒絶の経験は、攻撃性を高めることが知られている。極端な例ではあるが、アメリカで起きた学校内の銃乱射事件を分析した研究では、犯行に至った青年は、共通して事件前に何らかのかたちで拒絶を経験していたことが明らかにされている（Leary, Kowalski, Smith, & Phillips, 2003）。なぜ社会的な拒絶が攻撃性につながるのかについては、さまざまなメカニズムが想定されている。そのひとつに、自身に対する他者からの価値づけを高め、集団への所属を回復するための試みとして、攻撃的な行動にでるというものがある（Leary, Twenge, & Quinlivan, 2006）。攻撃的な行動によって他者からの注意を引き、自身の存在価値を訴えようとするのである。当然な

がら、この試みはうまくいかず、さらなる拒絶を招くことになる。

　ソシオメーター理論から考えると、生徒の自尊感情は学校所属感を反映するメーターである。平田氏の実践で紹介されている多くの生徒の姿にも、学校所属感と自尊感情のリンクをみてとることができる。平田氏が述べるように「社会から疎外された」生徒は、学校に対する所属感をもつことができず、さまざまなかたちで学校や本人にとって問題となる行動に至る。本人たちの意識にあるかどうは別として、それは自身の居場所を取り戻そうとする切なる試みだったのかもしれない。平田氏は、生徒の自尊感情というメーターから、彼・彼女らの背後にある居場所のなさという訴えを読み取り、実践を展開させていったといえる。

■ 学校と地域をつなぐことの意義

　学校所属感をもつことができない生徒がいる。そのことを考えたとき、学校と地域をつなぐことの意義のひとつは、生徒にとって新たな社会的関係の可能性をつくりだすことであると考えられる。平田氏が「斜めの関係」とよんでいるように、実践のなかでは従来の学校にはなかった社会的関係のあり方が豊富に描かれている。勉強が嫌いで授業に出ず、友だちともそりが合わない生徒が、校内で掃除をしてくれている地域の人と出会う。そのときに、叱責されるでもなく、何気ない話をする。また、校長室で寝ていたところを、公園の草刈りに誘われて力を発揮し、地域の代表の人からねぎらいの言葉をかけられる。そういったはみ出しがちな生徒だけではない。トイレ掃除や盆踊り会の企画において、学校や中学生に対して真摯な目を向けてくれる地域の人々とのかかわりは、多くの生徒にとって意義深いものであったと思われる。

　こういった社会的関係を、学校を介して経験していることが重要な点である。地域の人々とのかかわりが、学校生活の1ページとして自然に生じている。結局のところ、学校に自分の居場所があるという感覚は、学校生活のなかで自分を受け入れてくれる他者がいるということである。教師や友人とは別に、学校生活のなかで自分を受け入れ、向き合ってくれる人と出会える可能性があるこ

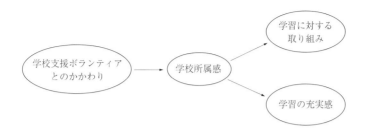

図1　学校支援ボランティアとのかかわりが学校所属感を介して学習に対する
　　　取り組みと充実感を高めるプロセス（岡田他，2016 をもとに作成）

とが、生徒の学校所属感を支えることになる。その可能性をつくりだしたこと
が、学校と地域をつないだことの意義である。

■ 地域の人々とのかかわりがもたらす学校所属感

　地域の人々とのかかわりが生徒の学校所属感を支えることを示す研究がある。
岡田・時岡・大久保（2016）は、地域の人々とのかかわりがもたらす効果につ
いて、平田氏が実践を行ってきた学校の生徒を対象とした質問紙調査から検討
した。地域の人々とのかかわりとして、「地域ボランティアの人から、地域の
ことについて話を聞く」や「地域ボランティアの人と、学校での行事や活動を
一緒に行う」などの経験を尋ね、同時に「私は、学校に自分の居場所があると
感じる」「私は、学校で大切にされていると感じる」という学校所属感を尋ね
た。

　分析の結果からは図1のような関連が示された。学校支援ボランティアであ
る地域の人々とかかわることで、生徒は学校に対する所属感をもつことができ
る。そして、その学校所属感は学習に対する取り組みや充実感につながってい
くのである。また、後の調査では、学校支援ボランティアとのかかわりによっ
て高まった学校所属感は、無断欠席や暴力行為等の問題行動を抑制する効果を
持つ可能性も示されている（岡田・時岡・大久保，2018）。

　地域の人々とかかわりのなかで得た学校所属感は、生徒にさまざまな影響を
もたらす。ある生徒は学習に向き合うようになり、ある生徒は問題行動を呈す

る必要がなくなっていく。高齢の学習支援ボランティアのもとで学習に取り組みだした生徒や、学級崩壊等早期対応事業のなかで変わっていった生徒の姿は、地域の人々とのかかわりのなかで学校に居場所を獲得し、そのことによって前に進みだしたことを示しているのかもしれない。

■ 学校に生徒の居場所をつくる

　平田氏は学校と地域をつなぐことを試みてきた。そのために、学校支援地域本部や地域学校協働本部を立ち上げ、地域の人々を学校支援ボランティアとして学校に招き入れた。目に見える活動は、学校と地域の協働のあり方を探る実践であった。しかし、その実のところは、学校のなかに生徒の居場所をつくったことが本質であったように思う。学校生活のなかに、地域の人々という新たな社会的関係を生み出したことによって、多様な背景をもつ生徒が学校に居場所を感じられるようになった。学校と地域をつなぐことによって、学校に生徒をつなぎとめてきたのである。

　学校のなかに確かな居場所をもつことができた生徒は、今度は地域にも打って出る。地域の人々と対話をするための座談会を企画し、盆踊り会の復活というかたちで地域に貢献する。所属感が保証されれば、人は向社会的な行動をとる（Twenge, Baumeister, DeWall, Ciarocco, & Bartels, 2007）。地域の人々とのかかわりによって生徒は学校に居場所をもち、そのことが地域に対して働きかける原動力にもなる。学校を中心として、生徒と地域の人々とのあいだに肯定的な循環が生じたのである。

　平田氏の実践について、もう少し知りたいことがある。それは、「普通」の生徒が地域とのかかわりのなかでどのように変わっていたのかということである。当然ながら、平田氏のまなざしはすべての生徒にあり、誰もが安心して過ごせる学校づくりに取り組まれている。本書で紹介された事例の多くは、放っておけば学校からこぼれ落ちていったであろう生徒のことであった。一方で、もとから学校のシステムに適応し、「普通に」学校生活を送っていた生徒にはどのような変化がもたらされたのであろうか。平田氏が言うところの「幹」に

あたる生徒たちである。今回の実践がもつ意義は多角的に見渡すために、より詳しい具体を知りたいところである。

　幅広く現在の学校教育に思いをめぐらせてみる。はたして、日本の中学生は学校に安心できる居場所をもてているのだろうか。平田氏の実践は、そのことに目を向けさせてくれるとともに、生徒が居場所を感じられる学校のあり方についてひとつの大きな可能性を示してくれるものである。

引用文献

Allen, K., Kern, M. L., Vella-Brodrick, D., Hattie, J., & Waters, L. (2018). What schools need to know about fostering school belonging: A meta-analysis. *Educational Psychology Review, 30,* 1-34.

Anderman, E. M., & Anderman, L. H. (2010). *Classroom motivation.* Upper Saddle River, New Jersey: Pearson Education.

Goodenow, C., & Grady, K. E. (1993). The relationship of school belonging and friends' values to academic motivation among urban adolescent students. *The Journal of Experimental Education, 62,* 60-71.

Leary, M. R., & Baumeister, R. F. (2000). The nature and function of self-esteem: Sociometer theory. In M. P. Zanna (Ed.), *Advances in experimental social psychology, 32* (pp.1-62). San Diego, CA: Academic Press.

Leary, M. R., Kowalski, R. M., Smith, L., & Phillips, S. (2003). Teasing, rejection, and violence: Case studies of the school shootings. *Aggressive Behavior, 29,* 202-214.

Leary, M. R., Twenge, J. M., & Quinlivan, E. (2006). Interpersonal rejection as a determinant of anger and aggression. *Personality and Social Psychology Review, 10,* 111-132.

岡田　涼・時岡晴美・大久保智生（2016）．学校支援ボランティアとのかかわりが学校所属感を介して学習に対する動機づけに及ぼす影響――学校支援地域本部事業の成果として――　学校心理学研究, *16,* 27-37.

岡田　涼・時岡晴美・大久保智生（2018）．学校支援ボランティアとしての地域住民とのかかわりが生徒の問題行動に及ぼす効果――学校所属感を介するプロセスの検討――　日本学校心理士会年報, *10,* 86-93.

Twenge, J. M., Baumeister, R. F., DeWall, C. N., Ciarocco, N. J., & Bartels, J. M. (2007). Social exclusion decreases prosocial behavior. *Journal of Personality and Social Psychology, 92,* 56-66.

❺　頼る先、居場所の選択肢を増やす支援
〜学校だけでも地域だけでもできなかったこと〜

東海林麗香 ● 山梨大学大学院教育学研究科

■ はじめに

　筆者は学校生活のほとんどを東京で過ごした。引っ越しで、小学校は２回転校した。高校では、転校はしなかったが１回引っ越しをした。東京であることや引っ越しが多かったことに加え、ひとり親家庭であったことも関係しているのか、地域の活動に参加する機会は皆無に近かった。研究者として教育現場にかかわるようになったのは博士課程のころだったが、東京のニュータウンにある小学校に週１〜２回、学習支援ボランティアとして２年間通いながらフィールドワークを行った。この学校の周囲には大きなマンションが立ち並び、大型アウトレットやシネコンができて賑わってきた地域であった。

　このように自身の学校生活も研究のフィールドも、地域という感覚とは縁遠いものであった。山梨県で勤務するようになった今でも個人的には、「地域に生きる」「地域と共に生きる」といったことは正直腑に落ちない感覚である。しかしながら本文にある「現在の教育課題の多くは学校だけで解決するには学校の限界をすでに超えている」（22頁）はその通りであり、個人の頑張り、家庭の頑張り、ひとつの組織の頑張りに子どもの将来を託すことの限界については筆者も同じように考えている。第１部を読んで、「学校を学びと育ちのプラットフォームとして考えることは、学校のある地域を含めて考えなければならない」ということを観念的にではなく感覚的に理解できたように思う。筆者個人にとって、平田先生の実践（以下第１部）の最も意義深かったことはこれである。そこから広げて第１部の実践は、子どもの育ちと学びにとってどんな意義があるのだろうか。結論を先取りするが、「頼る先、居場所の選択肢を増やす支援」という意義があったと考えている。以降ではこれに関連していくつか述べていく。

■ 支援する・されるのは誰か──学校にかかわる地域住民の側から考える

　地域住民が学校にかかわり支援するという活動は、いろいろなところで見られるだろう。ところで「学校にかかわり支援する」というとき、誰を支援しているのだろうか。そんなことを考えていて、子どもではなく、学校や教師を支援するということになってしまった事例を思い起こした。先述の通り筆者はニュータウンの小学校で2年間、学習支援ボランティアとして教室に入り、フィールドワークを行った。それをまとめたのが「小学校における外部支援者と教師の連携プロセス──学習補助ボランティアによる学級支援の実際から」（東海林，2015）という論文である。この論文をもとに、「支援する・されるのは誰か」ということについて考えたい。

　学習補助ボランティア（この学校ではサポーターと呼ばれていた）は筆者を含めて同じ時期に3名いたが、支援対象が決まっている支援員とは異なり、支援の対象は決まっていなかった。支援対象が決まっていないからこそ臨機応変に動ける存在として力が発揮できるはずであったがなかなかうまくいかず、導入から2年間を経てやっと学校の一員として認識されるようになった。この論文から、学校にかかわる地域住民（サポーター）の側から見た「うまくいかなさ」を紹介する。第1部は主に実践者による記録・考察だったので、地域住民の側からの視点も検討の材料として必要だと考えたからである

　彼らが感じた「うまくいかなさ」は何だったのか。論文を一部引用する。下線が特にポイントとなる。

　　学習補助ボランティアの経験は、学習補助ボランティアにとっても学校にとっても初めてのことであり、ボランティアは指示がないと動けないと感じ、学校側は何を頼めるのかがそもそもわからないので動けないという状況で1学期を過ごすことになる。（中略）何をどこまでサポートすべきか、担任の邪魔にならないだろうかと足踏みすることが多々あったという。（中略）慣れてくると学校の忙しさが実感され、「支援の方向性について話し合いたい」等、管理職・コーディネーター・担任に申し出ることができないまま2学期を向かえること

になった。学校のニーズを推測する中で、一斉指導の実現こそがそれであると思うようになり、その枠組みの中で支援するようになる。「担任をサポートする」という意識が強くなり、その結果、注意・制止が多くなり、子どもの困っている様子を見て手助けしようと近づくと避けられてしまう事態も出てくる。

サポーターのうち1名は自身の子どもが発達障害の診断を受けており（当時青年期）、またもう1名は特別支援に関心をもち保護者有志の勉強会に参加していた。彼らは、困っている子どもを少しでも支援したいという気持ちをもってボランティアをすることとなったが、下線の通り、実際に教室に入ると「学校のため」「担任のため」という意識が高まり、結果として子どもへの注意・制止ばかりして子どもに避けられるという事態になってしまった。実際は、この学級の担任は、むしろ伝統的な学校的価値観（みんなで一緒に、同じようになど）に疑問をもっていたことが後のインタビューで明らかになるのであるが、下線の通り彼らは「学校のニーズを推測」したのである。

　その後、支援員を含む彼らは、支援者同士のつながりを学校任せにするべきではないこと、自分たちならではの役割があることに気づくようになった。たとえば、「職員会議だけだったら恐らく無理なので、外部の人（筆者注：自分たちのような外部支援者）が入って、全然素っ頓狂なやり方で、もう、みんなどんどんどんどんしゃべってしゃべってっていうふうにどんどん年月かけて、1年とかかけて、話し合いをずーっと学校のなかでしていくようにして、その空気ができて、こういうものができれば違うんじゃないかと」といった語りがあった。学校的価値を理解しよう、それに沿って行動しようという気持ちが先行して一元的なかかわりになっていたが、外部支援者が入ることで多元的な価値のありようをサポートできるという気づきにつながったのではないだろうか。

　この事例は、人がいかにその文脈の論理（と思われること）にからめとられてしまうかということを示している。この事例では当初、地域住民が学校・教師のニーズを推測してそれらを支援するという図式になっており、子どもが不在であった。第1部で提示された実践においてこのようなことがなかったとす

れば、教師も地域住民も、共に子どもを育てていくという認識が共有されており、また、「自分たちが子どもをどうしたいか」ではなく、「子どもが彼らなりに幸せであるために」という支援の目的が共有されていたからであるだろう。

　加えて紹介した事例では、筆者も含め誰も、子どもたちが自分たちなりに何かを行うことを支援しようという発想がなかった。担任の他にサポーターや支援員といった大人が教室にいるのだから、そんなことも可能だったはずである。事例では小学校1～2年生の学級が対象だったこともあるが、きっとそれだけではない。いかに学校に慣れさせるか、「子どもから児童」にするかに、みんなが腐心していた。それが窮屈だった子どももいたことだろう。このことについて、第1部の実践における、子ども自身が支援の主体となるような事例が参考になる。次項ではそれについて述べる。

■ 子どもが支援の主体となること

　学校においても、子どもは教えられ、理解され、ケアされるだけの受け身的な存在ではない。それらのことをする主体である、あるいはそれらのことをする主体になってほしいと考えられている。たとえば筆者が2年間にわたってフィールドワークを行った高学年の学級では、担任の先生は、①自分（たち）で気づくこと、②自分（たち）なりに考えること、③自分（たち）で説明すること、④自分（たち）で判断すること、⑤自身の良さを自ら見出すことを重視しており、それへの支援という観点で言葉かけ、はたらきかけをしていた（東海林・小林, 2018）。それはその後、「自分（たち）で決める」ような活動へと結実していくが、それは教育課程内の活動に限られていた。第1部を読んで、このことに気づかされた。

　第1部の実践では、子どもが活動・活躍する場を学外にもつくったということが重要だと考える。そこでは、学校で大切にされていることを誰も気にも留めなかったり、学校では気づかれなかったり、やめるように言われるようなことが逆に褒められたりするような経験があっただろう。このことと学校での経験は循環的に子どもたちの育ちと学びに寄与しただろうし、「いろいろな考えが

ある」という実感を伴った経験は、彼らのその後にも長く影響したことだろう。

■ 学校のためとは？　地域のためとは？　何を支援したのか

　筆者は教職大学院の教員として各種学校を訪問し、多くの先生方の実践を見てお話をする機会を得てきた。子どもの学びと育ちのために奮闘する先生方を目の当たりにしながらも、ふと、「これは誰のために行われていることだろう」「子どものためではなく、大人（学校・教師・保護者）の事情によるものなのではないか」と思うことがある。このような思いは、教育実践の当事者である教師からも語られることがあった。筆者は、義務教育における学校行事、特に小学校における運動会、中学校における学園祭を教師がどのように経験しているか、特に葛藤や疑問についての語りを収集している。たとえば東海林（2017）では、小学校教師が「運動会はフェスティバルというか、見られるぞみたいなところがある」「近隣の学校と比べられる」「去年までの私は練習期間中『させる』ことに重きを置いて満足をしていたのかもしれないです」「もしかすると（組体操などの）表現運動は、教師の満足感の方が多いのかもしれません」といったことが語られ、「学級経営・学校経営の成果発表としての運動会」「教師・学校が評価される場としての運動会」として位置づけざるを得なくなっていることが窺える。このようなことは学校に限らない。私たち（見られる側）とあなたたち（見る側）と意識せずとも線を引くことで、評価が気になってくる。第1部で書かれているように、学校を批判的に見て現状を値踏みするような地域住民もいれば、共に子どもを育てていこうとする地域住民もいるのに、「見る側」として一括りにしてしまう。すると自分たちを守ることが第一義になってしまうというのは、誰にでも（どんな組織にでも）起こり得ることである。反対に地域が見られる側、学校が見る側になることもあるだろう。

　それによって、子どもの囲い込みが起こることがあるかもしれない。「この子たちは学校でどうにかしなければ」「学校には頼れない」といった言葉は実際に耳にする。第1部で書かれた実践の最も大きな意義は、学校と地域が手をつなぎ並ぶ関係になったことで、子どもたちにとって頼れる先、居場所の選択

肢が多様になったことであると考える。居場所には、支えてもらえる、受容してもらえるという意味だけでなく、自分が主体的に活動できるということも含む。子どもたちが、「自分たちはどんな存在なのか」「他者や社会とはどんな存在なのか」といったナラティヴを豊かなものにしていくことこそを子どもの学びと育ちのための支援と考えると、彼らを守る、手を貸す、支える、活躍の場をつくるなど、その方法はさまざまであっていい。第1部で書かれた実践のように、地域住民とのかかわりや、地域の活動とのかかわりがその一例であるが、必ずしも地域でなくてもいいだろう。自立・自律を、一人で何でもできるようになることと考えるのではなく、かかわる人や頼る人が多くあることを知り、必要に応じてかかわったり頼ったりできることであると考えるなら、第1部で書かれた実践は、中学生という「いま」、中学校という「ここ」に留まらず、もっと広く彼らのライフ（Life：人生、生活、いのち）を豊かなものにする支援であったといえる。

　第1部の本文にもあったが、教員には異動があり、それが活動の継続を難しくさせる。地域によっては管理職は2年程度での異動となるし、異なる学校種への異動もある。これを積極的に生かすことを考えたい。異動した教員が、前任校での経験を現任校で生かすということだけではなく、前任校と現任校の関係者（学校だけでなく地域も含む）が、地域連携について情報交換をするなどの交流のハブとなるようなことも考えられる。人が動くことを地域連携に生かすことが、今後の課題であると考える。

引用文献

東海林麗香（2015）．小学校における外部支援者と教師の連携プロセス——学習補助ボランティアによる学級支援の実際から——　山梨大学教育人間科学部紀要, *16*, 283-290.

東海林麗香（2017）．教師は運動会をどのように語るのか——個の多様性に応じた指導と一斉指導のあいだのジレンマに焦点を当てて——　教育実践学研究：山梨大学教育学部附属教育実践総合センター研究紀要, *22*, 103-112.

東海林麗香・小林恵子（2018）．相互応答的な関係・環境の実現を目指した担任教師のはたらきかけ——ある学級における高学年2年間のフィールドワークから——　教育実践学研究：山梨大学教育学部附属教育実践総合センター研究紀要, *23*, 241-249.

6 「社会で子どもを育てる」ということ
～子どもの貧困問題からみた本実践の意義と課題～

平井美佳 ● 横浜市立大学国際教養学部

　筆者は、2015年11月に神戸で行われた日本子育て学会において、本書編者の大久保智生先生が企画された大会準備委員会企画シンポジウム「地域と学校の連携による子育てを考える —— 中学校における学校支援の取り組みに注目して —— 」において指定討論を仰せつかった。このときに本書の第1部の執筆者である平田俊治先生、第2章に登場するコーディネーターのFさん、および、香川大学の時岡晴美先生と岡田涼先生のお話を拝聴した。平田先生の子どもに寄り添おうとする温かさや取り組みへの熱い思い、また、それに呼応する中学生の反応に触れ、筆者も心が動かされたことをよく覚えている。第1部を読んで、このときに聞いた取り組み内容や研究報告は第2章に登場するX中学校のものであるとわかった。そして、その後の取り組みの継続や展開、障壁、その成果に触れ、再び当時の思いがよみがった。本稿では、そのシンポジウムの際にも述べた、現代の子どもの貧困問題や発達心理学の視点からみた本取り組みの意義と課題について述べる。

■ わが国の「子どもの貧困」問題

　わが国における子どもの貧困問題の議論が活発化した2008年を「子どもの貧困元年」ともよぶことがある。そこからすでに10年以上が経過した。2014年には「子どもの貧困対策推進に関する法律」（略称：子どもの貧困対策法）が施行され、「子どもの現在及び将来がその生まれ育った環境によって左右されることのない社会を実現すること」（第二条二項）というその基本理念が明確化されたが、解決への道のりは未だ遠い。最新の2018年時点のデータでは、7人に1人（13.5％）が相対的貧困の状態にあるとされ、子どもがいる現役世帯

のうち、大人が 1 人といういわゆるひとり親世帯の貧困率は 48.1% となっている（厚生労働省，2020）。由々しき事態である。コロナ禍により今後さらに悪化することが懸念される。

　「相対的貧困」とは、その人が暮らす社会のなかで当たり前とされる生活ができない状態であることを意味する（c.f. 絶対的貧困）。上述の 7 人に 1 人というのは「相対的貧困率」（計算方法は、たとえば阿部〔2012〕を参照）が示すもので、現代における代表的な指標である。これとは別に、イギリスの Townsend（1962）が提案し、世界で用いられている指標に「相対的剥奪」という概念がある。これは「その人や家族が住んでいるコミュニティで、平均的な人や家族が持つ資源を欠いている状態」と定義され、その社会で人々が持っていて当たり前の生活必需品を持てない、経験すべき活動に参加できない状態を指す（ただし、個人の好みで持たない場合を除く）。

　相対的剥奪の観点から貧困をとらえることは、今まさに剥奪されている人に必要なものを保障するという対策を可能にするだろう。世界中で格差が拡大している現在、人々が相対的に剥奪されることで社会から排除され、その子どもがまた排除されていくという貧困の悪循環が起こっている。本書に登場する中学生の一部も相対的剥奪状態にあったと考えられる。

■「相対的剥奪」をとらえるための市民の合意

　上述の相対的剥奪状態をとらえるためには、その社会において誰もが当たり前に持つ必需品とは何で、誰もが享受する最低限の生活とはどのようなものかを明らかにする必要がある。この基準を市民の合意で決めるアプローチによる先駆的研究がイギリスで 1983 年に行われた Breadline Britain 研究（Mack & Lansley, 1985）であり、その後も継続的に調査が行われている（1990 年以降の調査は Poverty and Social Exclusion（PSE）研究と名称が変更され、最新の情報が開示されている http://poverty.ac.uk/）。

　この方法では、まず、多様な物質的および社会的な項目のなかから、その社会で「すべての人が持つことができるべき」、また、「持たない人がいてはなら

ない」と認めるものを特定する。そして、その社会の多数（democratic majority、たとえば、市民の50%以上）が必要であると認めることを基準にする。ゆえに、相対的剝奪の基準は時代や社会によって変動し得る。ただし、OECD（2015）やEU（2012）、UNICEF（2012）では、各国の剝奪状況を把握することを目的として汎用性のある項目を設定している。たとえば、EUの子ども（1～15歳）の剝奪指標には、「新しい服（中古ではない）」「1日3回の食事」「宿題をするのにふさわしい場所」「外で安全に遊べる近所のスペース」などの項目が含まれている。

　ところで、日本ではこうした必需品への合意が低いことがこれまでに指摘されてきた（阿部，2008，2012；平井・神前・長谷川・高橋，2015）。すなわち、他国では市民の多くが「すべての子どもにとって絶対に必要である」と認めるものに対し、日本ではそれらを「絶対に必要である」と人々が認める割合が低いのである。たとえば、平井他（2015）の研究では、乳幼児の必需品について40項目のリストを作成し、実際に乳幼児のいる家庭でそれが充たされているか、また、そのことがポジティブな発達的アウトカムと関連することを確認したうえで、各項目について全国の市民1,000人の合意を確認した（調査実施は2011年）。その結果、50%以上の人々が「ぜひ必要である」とした項目は40項目中9項目のみで、特に玩具や本、外出などの項目において合意の程度が低かった。この背景についてはまだ十分には明らかではないが、平井他の研究では子育ての「当事者」において合意の割合が高いことも示された。

　すべての子どもには守られる権利があり、子どもは社会の将来を担う大切な社会の一員である。よって、子育ての責任は親のみならず社会全体が負うべきものである。もしこのような市民としての意識が十分に発達しているならば、「剝奪された子どもがいても仕方がない」という発想にはならないのではないだろうか。

■ 自己責任論と家族主義の陥穽
　「こうなったのは本人の努力が足りなかったのだ」といった自己責任論的な

考え方がこの社会を息苦しいものにしていることは、多くの論者が指摘するところである。小さな子どもに対しては自己責任に帰することはできない。しかし、非行少年や中年のひきこもり、ホームレスの人々に対してはどうであろうか。彼らは、かつて相対的に剥奪された子どもではなかったのか。

　日本の福祉や教育の制度は過度に家族に依存している（たとえば、Esping-Andersen, 1999；田中, 2017）。しかし、子育てについていえば、集団で子育てをしてきた種であるヒトにとって核家族による子育てには無理がある。「ワンオペ育児」という語が話題になったように、現代の子育ては親に孤独感や困難感をもたらす過酷なものとなっている。これに加え、子どもの教育についても親の責任をさらに強調しようとする動きもあり、「立派な親になれ」というプレッシャーは大きい（木村, 2017）。子育てがしにくい社会であるといえるだろう。さらに、こうした家族依存の制度や家族の自己責任に帰するような家族主義的な考え方は、本人が望んで生まれてきたわけではない「家族」に恵まれない子どもたちを、ますます社会から排除しかねない。

　つまり、自己責任論的あるいは家族主義的な考え方は格差を容認することでそれを拡げ、さらなる貧困の悪循環を強化していると考えられる。この悪循環を断つには、市民一人ひとりの貧困問題についての知識の獲得や深い理解、そして、それに基づいて、すべての子どもが幸せに育つことのできる社会を実現するための政治の選択が必要であると考えられる（平井・長谷川・高橋, 2019）。

■「社会で子どもを育てる」実践としての学校と地域の協働

　貧困や子育てを自己や家族の責任とするのではなく、社会の子ども、「われらの子ども」（Putnam, 2015）として人々が協力し合いながら育てること、すなわち、「社会で子どもを育てる」という市民意識の醸成がこれからの社会の課題であると考えられる。この視点からみると、第1部の学校と地域の協働実践の取り組みはそのひとつのモデルであるともとらえられる。第5章では、この取り組みの成果として中学生における学校の安全・安心感、自己肯定感、社会貢献意識などの向上が示されたが、このうち筆者が特に注目したいのは社会貢

献意識や地域への関心の向上、社会貢献への欲求などの変化である（97-98頁）。

　地域とのかかわりの体験が、子どもや青年の社会に対する意識にポジティブな影響を与えることが先行研究においても示されている。たとえば、Flanagan, Kim, Collura, & Kopish（2014）は、5 〜 12 年生の 2,371 名（Study 1）と 999 名（Study 2）を対象に地域奉仕活動と課外活動（学校の部活や組織）の影響を検討した。その結果、両活動に参加している青年（どちらかのみに参加する青年の場合は地域奉仕活動に参加する青年）が、最も多くコミュニティとのつながり（例：誰かが困っていたら助ける、引っ越してきた人に親切にする）や異なる世代との関係、社会的サポートを報告した。また、この傾向は特に若年群（16 歳以上の群よりも年下の群）や男子に顕著であった。さらに、青年らの記述を質的に分析したところ、地域奉仕活動への参加が自己や多様な他者についての理解や、地域における相互扶助の意識を高めたことが示された。つまり、地域とかかわることが子ども自身の社会とのつながりや意識を高めることが示されている。しかも、その効果は特に中学生の年齢で大きいことも、本書の取り組みを考えるうえで示唆に富む。

　第5章の最後にも触れられているように、本書の取り組みによって地域に支えられ、地域を支える経験をした子どもたちが、将来、「社会で子どもを育てる」側の大人になることが期待される。今後、この中学生らがどのように地域にかかわるか、この取り組みの効果をより長期的な視点で検証していくことも重要であろう。地域住民や教師の変化については印象としての記述に留まっているものの、地域の人々が子どもにかかわることで、子育ての当事者となること、それによる生涯にわたる市民としての意識やアイデンティティの発達も注目されよう。

　最後に、この種の取り組みには常に難題も伴うことにも触れておく。たとえば、個を尊重することや多様性を受容することと、コミュニティの一体制や団結を図ることのバランスは時に難しい。また、一見中立的に見える主張の裏には、特定の意図や価値観の押しつけが潜んでいることにも注意せねばならない。本書にも登場するトイレ掃除については、道徳の教科化や根拠に乏しい校則な

どの問題と合わせて、背後にある保守的な政治的意図の問題が指摘されている（杉原，2019）。「社会で子どもを育てる」としても、決して「地域や国のための子ども」ではないのである。主権者としての市民が育ち、熟議による民主主義（齋藤，2017）によって検討を重ねていくことが重要であろう。

引用文献

阿部　彩（2008）．子どもの貧困——日本の不公平を考える——　岩波新書

阿部　彩（2012）．「豊かさ」と「貧しさ」——相対的貧困と子ども——　発達心理学研究, *23*, 362-374.

Esping-Andersen, G.（1999）. *Social Foundations of Postindustrial Economies.* Oxford: Oxford University Press.

European Union（2012）. Measuring material deprivation in the EU: Indicators for the whole population and child-specific indicators. Retrieved from http://ec.europa.eu/eurostat/documents/3888793/5853037/KS-RA-12-018-EN.PDF（2020 年 3 月 30 日）

Flanagan, C. A., Kim,T., Collura, J., & Kopish, M. A.（2014）. Community service and adolescents' social capital. *Journal of Research on Adolescence, 25*, 295-309.

平井美佳・長谷川麻衣・高橋惠子（2019）．「子どもの貧困」についての大学生の認識の深化——テレビ視聴の効果——　発達心理学研究, *30*, 315-328.

平井美佳・神前裕子・長谷川麻衣・高橋惠子（2015）．乳幼児にとって必須な養育環境とは何か——市民の素朴信念——　発達心理学研究, *26*, 55-70.

木村涼子（2017）．家庭教育は誰のもの？——家庭教育支援法はなぜ問題か——　岩波書店

厚生労働省（2020）．2019 年国民生活基礎調査の概況　Ⅱ 各種世帯の所得等の状況　Retrieved from http://www.mhlw.go.jp/toukei/saikin/hw/k-tyosa/k-tyosa19/dl/03.pdf（2021 年 3 月 4 日）

Mack, J. , & Lansley, S.（1985）. *Poor Britain.* London: George Allen & Unwin.

OECD（2015）. CO2.3. Material deprivation among households with children. Retrieved from http://www.oecd.org/els/family/CO_2_3_Material_deprivation_among_families_with_children.pdf（2020 年 3 月 30 日）

Putnam, R. D.（2015）. *Our kids: The American dream in crisis.* New York: Simon & Schuster.（パットナム, R. D.　柴内康文（訳）（2017）．われらの子ども——米国における機械格差の拡大——　創元社）

齋藤純一（2017）．不平等を考える——政治理論入門——　筑摩書房

杉原里美（2019）．掃除で心は磨けるのか——いま、学校で起きている奇妙なこと——　筑摩書房

田中拓道（2017）．福祉政治史——格差に抗するデモクラシー——　勁草書房

Townsend, P. (1962). The meaning of poverty. *The British Journal of Sociology, 13*, 210-227.

UNICEF (2012). Measuring child poverty: New league tables of child poverty in the world's rich countries. Retrieved from https://www.unicef-irc.org/publications/pdf/rc10_eng. pdf（2020 年 3 月 30 日)

７　逸脱する少年のレジリエンスを地域ぐるみで育てよう
～学校心理臨床場面での協働の経験から～

松嶋秀明 ● 滋賀県立大学人間文化学部

■ はじめに

　筆者はこれまで小・中学校を研究フィールドとして、非行的な逸脱行動をする少年への支援策について研究を行ってきた。

　逸脱行動をする少年は、周囲にとっての「問題」であると同時に、自分自身が「問題」を抱える少年でもある。少年の多くが、劣悪な家庭環境に育ったり、障害を抱えたりといったような「逆境的体験」をもつことがさまざまな研究で明らかにされている。平田先生の記述からも、その存在を窺うことができる。

　こうした生徒に対して、学校ができることは何だろうかというのが筆者のこれまでの問題関心であった。そして、その切り口と考えているのは「レジリエンス」という概念である。「困難あるいは脅威的な状況にもかかわらず、うまく適応する過程、能力、または結果」（Masten, Best & Garmezy, 1990）などと定義できる。

　レジリエンスは個人の内部に閉じられた能力というよりも、周囲の人々と協働で育てていくものといったほうがよいかもしれない。Masten（2016）は、レジリエンスは文化のレベルやコミュニティのレベルから、個人のレベルに至るまで、入れ子状の、多層にわたったシステムのなかでとらえることができるという。平田先生が始めた地域との協働も、ある意味では「レジリエンス」を育てる実践といえるかもしれない。

　本稿では、逸脱行動をする少年への支援という観点から、平田先生の実践を踏まえつつ、論じていくことにしたい。

■ 多くの大人がいれば良いのか？

　文部科学省（2015：中教審第185）が、これからの時代の学校教育を考える枠組みとして「チームとしての学校」、いわゆる「チーム学校」のあり方についての答申を出すなど、今日の学校は多職種協働の場となりつつある。教師や事務職員だけで構成されるのではなく、スクールカウンセラーやスクールソーシャルワーカーをはじめ、警察、あるいは地域のボランティアなどに至るまで、実に多様な人間が常に出入りしている。平田先生が実践されている地域との協働も、こうしたコラボレーションのひとつと考えられる。

　一人の子どものレジリエンスを育てるために、多くの大人がかかわってくれることは、子ども、なかでもリスクをたくさん抱えて生きづらさを出している子どもにとっては朗報に思える。しかし、学校現場で起こることをみると、多くの大人がかかわることが、決して子どもの幸せにつながるとは言い切れない状況にしばしば出くわす。

　筆者がかかわってきた学校でも、外部機関との連携で、先生たちが困難を感じている場面が少なからずあった。ある中学校では、学校の先生からすれば、せっかく警察に被害を届けてもまったく動いてくれないことに不満をもっていた。しかし、後にわかったことだが、警察からすれば、学校は自分たちの責任を果たさず、安易に警察に丸投げしているようにみえていた。要するに、お互いに他方が何をしているのかがみえておらず、自分たちばかりが苦労しているという被害感を募らせていたのである。

　平田先生が地域との協働を始めたのは、学校の「荒れ」を何とかしたいという思いからであった。子どもに科学のすばらしさとソフトテニスの楽しさを教えたくて教師になったのに、対立し合う存在になってしまった状況を嘆き、打開するために行ったのが地域ボランティアを募ることだったという。

　対立するシステムはしばしば「第三者」を求める。スクールカウンセラーとして困難を抱えた家族との相談では、しばしば「第三者に入ってもらいたい」という言葉に出会う。子どもへの対応をめぐって家族の意見がすれ違い、煮詰まってしまっているからだ。にっちもさっちもいかなくなったシステムに、第

三者を招き入れることは、事態を打開することが多そうにみえる。

　しかし、第三者が入ることで、新たな問題が生まれることもある。スクールカウンセラーは、学校では教師ではない外部の第三者である。生徒や保護者にとっては、自らを評価する教師との関係ではなかなか言えないことを、スクールカウンセラーに打ち明けることができる。そのことによって救われる存在があるのも確かだが、その一方で、スクールカウンセラーは学校を支援する存在でもある。教師との連携をとらないことで、教師の疲弊をさらに強めてしまうこともあり、学校から追い出されてしまうこともあるだろう。「第三者」になれるように慎重に実践していくことが求められることになる。

　平田先生の学校で、地域との協働がうまくいったのも、地域の人を招き入れ、まさに、第三者になってもらえるような仕掛けを織り込んでいたからではないだろうか。平田先生の記述のなかにも、随所にそれを見出すことができる。地域住民のなかに、学校に来て生徒たちに説教しようとする人がいること、あるいは、学校にクレームを入れてくる人の存在が描かれている。平田先生は前者の存在は、学校にはいらないと判断され、生徒にとって「斜めの存在」となり、また、将来像を見せてくれるような存在になれそうな参画の仕方を模索されている。後者の存在は、学校にとっては頭の痛いところだろう。つい、「あの人はどうして文句ばかり言ってくるのだろう」と愚痴を言いたくなることもあったのではないかと思われる。それでも平田先生は、そうした声に真摯に向き合い、「そんなこと言わないでほしい」とは言わない。対話をしている。

　バフチン（1995）によれば「対話」の性質は「会話」と対比してみるとわかる。「会話」には最終的には落としどころがみえていることが多い。安易にどちらが正しいのかを決めたり、意見を一致させることが目的のものではない。「対話」の対義語となるのは「独語（モノローグ）」である。「あの人は本当に自分勝手な人だ。こちらの迷惑を考えずにすぐに文句を言ってくる」と思い込んでいると、その人が発するどんな言葉も「文句」としてしか受け取れなくなる。とても重要な指摘だったとしても、到底受け入れられない主張のように聞こえてしまう。このようなとき、人は実在の人としゃべっているようでいて、実の

ところ、自分のなかに勝手につくりあげた他者像としゃべっているといえる。バフチンの言葉でいえばモノローグの状態である。もし対話を志向するならば、自らとは異なる感じ方や、価値観、それらをかたちづくってきた過去経験をもつものとして相手を認め、その世界観を知ろうとするところから会話を始めなければならないだろう。

そのような意味で平田先生の実践にあえて「課題」を見出すならば、始めた実践のすべてが長続きするわけではないということだろう（たとえば、トイレ掃除は平田先生がいなくなるとなくなってしまった）。学校とは元に戻りやすい組織だ。誰かのリーダーシップで変革されたと思ったら、その人がいなくなると元に戻るという事例を数多く見聞きしてきた。

僭越ながら、平田先生は他者を巻き込むのがうまい先生ではないかと想像する。最初は、無理を言っているように思えて、反発したり、文句を言ったりする人々も、最終的には巻き込んでいく魅力をもっているのではないだろうか。しかし、それだけに平田先生がいなくなったら、遺した実践そのものへの納得できない感情も出てくるのかもしれない。長続きするシステムをつくるための、さらなる対話に期待したい。

■ 「学校とのつながり」をつくる

非行的な逸脱行動をとる生徒たちが変容していくうえで、学校に来ることがもつ力は意外に大きい。「学校とのつながり（＝ school connectedness）」は、生徒たちが、学校で出会う大人や仲間たちが、自分たちをケアしてくれていると感じることをあらわす概念である。「つながり」を感じている若者ほど、喫煙、飲酒、薬物乱用、暴力、時期尚早な性交などを含む、多くのリスク行動をとらないことがわかっている（たとえばCDC, 2011）。つまり、学校に来て活動に加わること自体が、子どもの将来にとっての良い効果があるということをあらわしている。

とはいっても、彼・彼女らに学校に来て、授業に出なさいというだけでは解決にはならないだろう。たとえば、非行を深化させる要因としてしばしば言わ

れるものに「低学力」がある。私がフィールドワークを通して出会った、授業を抜け出し、逸脱行動を繰り返す中学生たちの多くも、小学校3年生くらいから「先生の言っていることがちんぷんかんぷんだった」と振り返ったものだった。こうした生徒にとって、学校で授業を受けることは、我慢してその場で静かにすること以上の意味をもたないようにすら思えたものだった。勉強ができること以外にも、自分の存在を規定してくれる多くのものが学校にあれば救われる生徒も多いのではないだろうか。

　これは、新自由主義的であるといわれる近年の日本の状況を考えると、ますます重要かもしれない。新自由主義の特徴のひとつは、公的サービスの提供の仕方に、貨幣原理や選択原理などが導入されることである（橋本, 2007）。アメリカでの子育て経験をもつ鈴木（2010）は、日本に先んじて新自由主義的政策に席巻されるアメリカで、教育の成果が「数値化」「市場化」され、その数値を獲得するための「点取りゲーム」のテクニックが重視されることとなり、学力テストに関係のない文化的なものが貧困層から奪い去られていく様子を報告し、日本に警鐘を鳴らしている。

　平田先生も、近年の学校に、学力テストをはじめとして「数字だけで教育を語る論調」を感じ取り、それだけにこだわることが「（教育において）肝心なものを見失う」ことにつながるという危機感をもっていた。「保護者の貧困、劣悪な教育環境、自分たちにはどうしようもない要因で点数の競争から離脱せざるを得ない生徒たちがいる」のを無視して、点取り競争に邁進するのではなく、平田先生が代わりに目指したのは、地域と協働することで、子どもたちにとって、いろいろな学びができる、来てみたくなるような学校をつくることであったと思う。

■ 少年の活躍の場をつくる

　筆者が過去に行った警察と学校との連携に関するインタビュー調査（松嶋, 2013）において、警察との連携がうまくいっていると感じている学校の先生が語ったことは示唆的だと思う。多くの学校とは違って、警察との連携がうまく

いっていると感じている学校の先生は、警察には「抑止力」という側面はさほど期待していなかった。この学校が落ち着いているわけではないし、むしろ、近隣の学校に比べても生徒指導的な課題が多いとされる学校である。抑止力の代わりに、この学校では警察職員らと子どもについての見立てを共有し、また、数年先の将来を見据えた目標に基づいた支援を行っていた。そうすることで生徒の問題を、より広い視点で見つめ直すことにつながっていたのである。

　また、上記の学校では警察との連携とセットにして「学級づくり」や「勉強をしっかり教える」といったことを意識的に推し進めたことも示唆的に感じられた。これは警察連携とは関係ないようにもみえるが、先生の頭のなかでは密接につながっていた。警察と学校との連携によって、となったら逮捕も含めて対応してもらえると思えるからこそ、学校のなかでできることを徹底しようという意識が生まれたといえるかもしれない。

　ここでは問題の「解決」ではなく、むしろ「解消」が目指されている。生徒の行動が変わることもあるだろうが、それ以上に、生徒のために大人が手を尽くすことを通して、教師自身の考え方、組織のあり方が徐々に変わり、結果として当初問題となっていたことは、もはや問題ではなくなるということが起こったのである。

　平田先生の実践のなかで印象的なのは、地域と協働しながら、それを通して、生徒に多様な活動の場を設けていることである。学習支援や、環境整備活動などは、比較的多くの学校で試みられているのではないかと思われるが、なかにはほとんど前例のないであろう取り組みもある。

　たとえば、人権やスマホにかかわる取り組みとして、生徒たち自身が、全校生の前で、自分の失敗談や、嫌だった体験について語る会が開かれたことがあげられる。あるいは、小学校での学習支援活動に先生役として中学生を送り込んだこともそうだろう。しかも、講師役に選ばれているのは、成績優秀な生徒ばかりというわけではなく、学力が未習熟な生徒にも積極的に取り組ませたという点が目を引く。こうした取り組みの背景には、授業エスケープや逸脱行動の目立つ生徒たちに自己肯定感の低さを読み取った平田先生が、社会に貢献す

る活動を取り入れることで自己肯定感の低下を防止し、自尊感情を高めること を狙ったそうだ。

　もちろん、学習支援や環境整備活動のなかで新たな大人と出会うことが生徒 たちにもたらす影響は大きいだろう。しかし、上で取り上げた実践では、生徒 たちはもはや支援の受益者ではなく、自らが支援者の位置にいる。あえて支援 という言葉を使うならば、これらは何かをしてもらう支援ではなく、何かをし てあげることを可能にするという支援である。

　レジリエンス研究のなかでウンガー（2015）は、若者の支援者に対して無軌 道にみえる若者には、彼らの危険な行動を「禁止」するのではなく、「代わり」 を探そうと説いている。なぜなら、若者がやることは、彼らがパワフルなアイ デンティティを得ようとしてなされたことであり、社会的に許容される活動の なかで同じくらい「パワフル」なアイデンティティを獲得できそうだと彼らが 感じられるものを提示できれば、彼らはそれをするようになる、というのであ る。

　中学生は、必ずしも、大人から支援をしてほしいわけではないかもしれない。 むしろ、自分たちが社会のなかで役に立っている存在であるという実感がほし いのではないだろうか。大人に求められているのは、若者の語りに真摯に耳を 傾けながら、社会的に受け入れられそうな代替案を若者に提示していくことか もしれない。

引用文献

バフチン, M. M.　望月哲男・鈴木淳一（訳）（1995）．ドフトエフスキーの詩学　筑摩書房

Centers for Disease Control and Prevention (Ed.). (2011). Fostering School Connectedness. Staff Development Program: Facilitator's guide. Atlanta: CDC.

橋本　努（2007）．帝国の条件──自由を育む秩序の原理──　弘文堂

Masten, A. S. (2016). Resilience in developing systems: The promise of integrated approaches. *European Journal of Developmental Psychology, 13,* 297-312.

Masten, A. S., Best, K. M., & Garmezy, N. (1990). Resilience and development: Contributions from the study of children who overcome adversity. *Development and Psychopathology. 2,* 425-444.

松嶋秀明（2013）．つながりのなかで非行生徒を抱える実践――警察と学校との協働によって何がうまれるか――　人間文化：滋賀県立大学人間文化学部研究報告, *33*, 2-12.

松嶋秀明（2019）．少年の問題／問題の少年――逸脱する少年が幸せになるということ――　新曜社

鈴木大祐（2016）．崩壊するアメリカの公教育――日本への警告――　岩波書店

ウンガー, M.　松嶋秀明・奥野　光・小森康永（訳）（2015）．リジリアンスを育てよう――危機にある若者たちとの対話を進める6つの戦略――　金剛出版

8 トイレを「磨くから」生徒が良くなるのか、トイレを「磨いて」生徒が良くなるのか
～道具と結果方法論からみる平田実践の可能性～

川俣智路 ● 北海道教育大学大学院教育学研究科

■ トイレを「磨くから」生徒が良くなるのか?

平田先生の実践は実に魅力的である。教育における「つながりの格差」を乗り越えるために、学校支援地域本部を立ち上げて、学校支援活動に地域住民が参加するようになり、それに呼応するように生徒たちが自信を取り戻していき、学校の荒れが収まっていく。地域の方による学習支援、「心を磨くトイレ掃除」活動、読み聞かせから、小学校の学習支援に中学生が教員役としての参加、どれも生徒の成長を促しそうな、教育的な活動であり、明日から少しずつ取り組んでいくことができそうなものである。この実践を読んだ多くの教員は、「自分の学校でも同じような活動を展開して、子どもたちの自信を育みたい」と考えることだろう。しかし、もしそこで本当に上記の活動を実施したとき、平田実践と同様の効果が得られるのだろうか?

上記のような教育的な活動が「結果として」生徒の自己肯定感を高めたり、学校の荒れを収めることはあり得ることであろう。しかし、それは「結果として」であり、因果関係とはいえない。おそらく、トイレを磨くことと生徒が成長することに直接の因果関係はないだろう。しかし、トイレを磨くと「結果として」生徒が良くなったのもまた事実である。この状況を読み解くための鍵となる概念がヴィゴツキーの発達理論から発展した「道具と結果方法論（tool and result methodology)」である。

■ 「道具と結果方法論（tool and result methodology)」とは

「道具と結果方法論」とは、ヴィゴツキーの発達理論を発展させ実践する

ニューヨークで活動しているロイス・ホルツマンとフレド・ニューマンによって提示された方法論である。私たちは何も意識しなければ目の前の子どもの成長を、Aをした結果Bになるという「結果のための道具方法論（tool for result methodology）」からとらえる。たとえば、「算数の勉強をした結果、テストの点数が上がった」というようなものである。しかしNewman & Holzman（2014/2020）はこの構図を否定して、発達とはAをしてBとなるという「道具と結果方法論（tool and result methodology）」であると主張するのである。

　この道具と結果方法論の枠組みから、この平田実践を考えてみると、いくつか興味深い視点が出てくる。伊藤・岸・松嶋・川俣（2021）は、道具と結果方法論の特徴を三つあげている。ひとつ目は、道具と結果方法論がマルクスの「革命的活動」の模倣であるということ、ふたつ目は道具と結果が互いに前提条件となっている弁証法的な考え方であること、三つ目はこれがパラダイムではなく実践の方法である、ということである。以下、この三つの特徴から平田実践について読み解いてみたい。

■「革命的活動」の模倣としての平田実践

　「革命的活動」とは、働きかけられたものが変化するだけではなく、働きかけたもの自体も変化し、そして変化したものもまた変化していく、そうして実践そのものが大きく変化する活動である。マルクスはこの「革命的活動」が人間の本質であるとし、そしてニューマンとホルツマンはこの「革命的活動」の模倣よって実践を変えることができると考えたのである。

　X中学校でのトイレ掃除の実践をみると、働きかけられた生徒だけではなく、働きかけた教員側も変化していくことがみてとれる。最初、新任の教頭である平田先生は自らが汚れているトイレをきれいにすることで、生徒の気持ちが落ち着き学校が良くなることを期待する。しかし、その想いは届かずトイレはめちゃくちゃに荒らされてしまう。そこで、ある研修会にヒントを得て生徒たちに声をかけて一緒に掃除をすることを試みる。何名来るかわからない状況のなかで、とりあえず実施してみたところ103名の生徒と21名の教員が集ま

り、予想外に活動は盛り上がる。その後、心を磨くトイレ掃除実行委員会が設立され、多くの生徒が参加するという予想もしなかったような取り組みとなるのである（50-52頁）。このプロセスのなかで、平田先生自身も生徒に対する信頼感、期待感を取り戻し、この実践が後の学校支援地域本部事業への応募につながっていく。生徒たちも取り組んでいくなかで、トイレ掃除が単なる掃除ではなく、学校を変える活動へと変化していく。「心を磨くトイレ掃除新聞」に「以前は、まわりの人からあまり良く思われていなかった学校ですが、トイレ掃除のおかげでずいぶん変わってきたと思います」と記され、学校の評価を左右する取り組みであると認識されるようになるのである。もしトイレ掃除がトイレ掃除としてただ繰り返されていただけであれば、このような実践の広がりはなかっただろう。ニューマンとホルツマンは、ただの真似や反復と、革命的活動の模倣の違いについて次のように述べている。

> 　革命的活動を模倣するという、複雑な多様性をもつこの活動こそ、私たちがパフォーマンス（performing）と考えるものである。（中略）演技とは、演劇論的に考えても、伝統社会での役割から言っても、基本的には再現である。すなわち、コピー、真似、反復であり、自分自身に先立つことがない。それは革命的活動ではなく、保守的活動である。（中略）パフォーマンスとは、革命的活動の多様で創造的な模倣である。言いかえると、歴史を作り、意味を作り、発達を導く（認知的、情動的、文化的）学習を再開することだ。話すため、書くため、作り出すため、仕事するため、遊ぶため、歴史的なる子どもと大人は、人々が社会的に集まる環境（ZPD：発達の最近接領域のこと＊筆者注）での模倣を通して、自分や自分たち自身を超えた何かを行うはずである。類としての私たちだけが、革命的活動を模倣するとともに、そこに関与することができるからだ。(Newman & Holzman, 2014/2020, p. 224)

トイレ掃除は、学校改善の道具ではない。しかしトイレ掃除を行うことが変化を生み、学校改善の流れが生まれ、学校改善の流れがトイレ掃除の活動の意

味をさらに変えていき、そこから地域と協働する学校の姿が生まれてくる。実践の模倣を通して自分たちを超えたパフォーマンスを展開していく、それこそが平田実践の特徴であるといえる。

■ 弁証法的関係からみる平田実践と生徒・学校・地域の関係

　「道具と結果方法論」のもうひとつの特徴的な側面として、道具と結果が互いの前提となっている、ということがあげられる。「結果のための道具方法論」では、道具は結果のための前提となり、結果は道具のための前提ではない。しかし、「道具と結果方法論」は弁証法的にふたつの関係をとらえ、互いが互いの前提となるのである。

　平田実践では、さまざまな実践と「生徒の成長（発達）」や「学校の改善」が互いの前提となっている場面が随所にみられる。たとえば X 中学校において、用水路掃除を行う場面がある（58-59 頁）。用水路が詰まっていることが話題となり、その掃除を生徒が地域住民とともにボランティアで行う。思いのほか用水路の掃除が難しいため、作業は終了しないまま昼食となってしまい、残りの掃除は地域の方が実施することになってしまう。しかし、中学生たちはとても満足そうである、という場面である。この実践は、生徒の成長のためにボランティアをさせてもらうという目的ではなく、地域のために用水路を清掃して学校の改善をアピールするという目的でもない。用水路の掃除と生徒の成長や学校の改善はどちらも前提として位置づけられ、地域住民と学校と生徒の関係性のなかで、前提に基づいた実践が意味づけられていくのである。トイレ清掃が学校改善になり生徒の自主的な活動となり、裏山の祠を守る活動がボランティアに消極的だった地域と連携する契機となり、その影響が生徒に派生していく。平田実践の特徴は実践の意味が絶えず変化し、変化から新たな実践や意味が生まれてくるところにある。

　この弁証法的な関係性が崩れると実践が成り立たなくなることをあらわす象徴的な例が、Y 中学校でのトイレ掃除のボランティア活動だろう。Y 中学校のトイレ掃除の活動は、平田先生が異動されたことにより消滅してしまう。トイ

レ掃除のボランティア活動は、生徒の成長発達の機会であり、地域を巻き込んだ学校改善の機会でもある。トイレを清掃するから生徒が成長し学校が改善するのではなく、生徒が成長し学校が改善したからトイレ清掃が成り立つわけでもない。どちらもどちらの前提であり結果である、そういう実践である。しかし、おそらく平田先生の異動によりそうした実践への弁証法的な意味づけが失われてしまったのではないだろうか。トイレの清掃という結果を求めるならば、必ずしも生徒や地域の方がやる必要はない。生徒の成長や学校改善が目的であれば、トイレ清掃よりももっと容易に実施できる（ようにみえる）取り組みに置き換えることが検討されるだろう。

　学校の取り組みと生徒の成長や学校改善が弁証法的な関係にあること、それが平田実践を支えるふたつ目の特徴である。

■ パラダイムシフトから現実のシフトへ

　平田実践の三つ目の特徴として、実践により現実が大きく変化している、つまりこの取り組みが単に学校と地域の関係のパラダイムシフトだけではなく、現実そのものを大きく変えている点があげられる。ニューマンとホルツマンのグループは、演劇的パフォーマンスを用いてセラピー、教育、文化的実践のなかで発達を実践してきた。彼らは実践への新たな視点を提示しその意味づけを変えることのみならず、現実それ自体を変えていくことにこだわって活動している。平田実践では、実際に生徒の変化が数的データにより示されており、それぞれの中学校では見違えるように学校生活を楽しむことができるようになった生徒の姿が紹介されている。また、学校支援地域本部事業などの新たな組織が起点となり、地域の大人が学校に入っていくことにより、「斜めの関係」とよばれる人間関係を生み出し、学校対生徒、あるいは教員対生徒という人間関係に変化を生じさせている。実践を通じて地域の学校や生徒を見る目が変わるだけではなく、実際に学校も地域も生徒も「革命的活動」の変化に巻き込んでいく。そこに平田実践の現実を変えていくすごみがあるのである。

■ 変化を止めるな！── 平田実践の創造的な「模倣」

　ここまで、平田実践を「道具と結果方法論」の観点から読み解いてきた。連続する実践の変化のなかで、ユニークな取り組みと生徒の成長が相互に前提となってひとつの学校を生み出していること、そして平田実践が子どもに対する視点を変えてみるだけではなく、現実そのものを変えるような働きかけをしてみようとしている、そうした点にこの実践の意義が見出せるのである。しかし、察しの良い読者のみなさんは、ここにひとつの矛盾があることを感じているのではないだろうか。

　筆者がここに、「『道具と結果方法論』を踏まえているため、平田実践は優れている」と書いてしまったとき、この実践はＡをした結果Ｂになるという、結果のための道具方法論として位置づけられてしまう。もしみなさんが、「そうか、学校を変えるためには道具と結果方法論を実践すれば良いのだ」と理解してしまったとき、連続する変化は止まってしまい、そこには固定された因果関係だけが残ってしまうだろう。

　道具と結果方法論からみた平田実践を理解するうえで最も重要なことは、実践の意味を固定的にとらえてしまうのではなく、「革命的活動」つまり自分自身が実践者となり、そして自分自身も含めた変化の伴う実践を止めないことである。平田実践が優れている点は、平田先生も含め学校も地域も生徒も変化し続け実践し続けているところである。もしこの先、平田実践が「トイレを手で磨くことが重要だ」「学校は地域と連携すべきだ」のように結果を出すためのものとして自らの実践を位置づけることがあれば、たちまち実践の意味は固定され、変化は失われるだろう。

　トイレを「磨くから」生徒が良くなるのでもなく、トイレを「磨いて」生徒が良くなるのでもない。私たちは、トイレを磨くこと、生徒が良くなるという視点から離れ、自らを変化を伴う実践に投げ込んだとき、初めて平田実践を「模倣」することができるのである。そしてそのとき、私たちは「支援される学校」が地域と協働する新しい何かに生まれ変わることを経験できるだろう。

引用文献

伊藤　崇・岸　磨貴子・松嶋秀明・川俣智路 (2021). 「道具と結果方法論」から見た学校臨床——第4回デイスカッション (1)—— clarus 新曜社　Retrieved from https://clarus.shin-yo-sha.co.jp/posts/4291?prev (2021年2月5日)

Newman, F., & Holzman, L. (2014). *LEV VYGOTSKY: Revolutionary Scientist.* New York: Routledge. (ニューマン, F. & ホルツマン, L. 伊藤　崇・川俣智路 (訳) (2020). 革命のヴィゴツキー——もうひとつの「発達の最近接領域」理論—— 新曜社)

9 生徒を変えるのではなく、関係を変える
～人間の発達の動き出しについて～

赤木和重●神戸大学大学院人間発達環境学研究科

　著者の平田先生とお会いしたのは、2017 年の教育心理学会のシンポジウムである。私は、平田先生の発表に対する指定討論を頼まれていた。そのいかつい感じの風貌（すみません）とは裏腹に、荒れた中学校を立て直していく斬新な発表に学ぶところが多かった。

　そして、今回、平田先生の原稿を拝読し、当時よりも詳しい内容を知ることができた。特に、実践の背景にある歴史や思想を知ることができ、私の学びも深まった。本稿では、私の専門である発達心理学を背景にコメントを行う。

■ 生徒を変えるのではなく、関係を変える

　教室から出て行く生徒、校内にバイクで侵入してくる生徒、トイレでタバコを吸う生徒……いわゆる非行少年に出会ったとき、みなさんなら、どうするだろう？　私ならビビッてしまう、もしくは、激高してしまうだろう。そして、次のような対応策が頭に浮かぶ。

　「厳しく対応するか？」それとも「子どもの気持ちを受け止めるか？」

　おそらく、多くの人がどちらかの対応を考えると思う。もしくは、その場その場の状況でどちらかに揺れ動くだろう。

　前者はいわゆるゼロトレランスに近い対応である。ゼロトレランスとは、文字通り「寛容度ゼロ」というもので、学校の規律を破った生徒に対して、理由を問わず厳しい罰則が下される生徒指導の方法である。近年、生徒指導の領域では、この「ゼロトレランス」の考えが広まりつつある。その背景には、大人が隙を見せれば、生徒はどんどんつけあがって、問題行動に歯止めがきかなくなる、という素朴な感情もあるだろう。たしかに、授業中に廊下でゴロゴロ寝

そべっている生徒を見れば、一喝したくなる気持ちもわからなくはない。

　対照的に、問題行動の背景にある生徒の気持ちを受け止めようとする対応もある。廊下で寝そべっている生徒には、そこで「寝そべらざるを得ない」理由があるはずだ。父親の暴力のため、家で十分に寝ることができなかったのかもしれない。厳しい経済状況のため、家ではご飯を食べることができず、授業を聞く気力・体力がないのかもしれない。そうであるなら、寝そべる行為を厳しく指導するのではなく、それぞれの生徒の気持ちを受け止め、寄り添った対応が必要になる。このような主張もよくわかるし、個人的には、このような主張に賛同する。

　この両者は真逆である。しかし、平田先生の原稿を読むと、この両者は、根っこでは同じだとわかる。というのも、いずれのアプローチとも、「教師が生徒にどうかかわるか」を考えている点では同じだからだ。厳しく接するか、受容的に接するかの違いはあれ、どちらも教師が生徒に働きかけることで、生徒の行動を変えようとしている。いわば、「生徒を変える」アプローチである。

　それに対し、平田先生は、「関係を変える」アプローチをとっている。平田先生は、教師が生徒に「厳しくするか／受け止めるか」といった話はあまりしていない。もちろん、日常的には、教師は生徒を褒めたり、注意することはあるだろう。しかし、今回の実践では、日常の「教師－生徒」ではなく、「生徒－保護者」「生徒－地域の人」「生徒－小学生」「生徒－校長」「生徒－教師－地域の人」といったさまざまな関係を組織することに重心を置いている。

　実践の内容は、「学習支援活動」「環境整備（整美）活動」「読み聞かせ活動」「盆踊り会」「小学校での学習支援活動」……それぞれの活動は、多彩であるが、一貫しているのは、「生徒に対してどうかかわるか」という視点ではなく、「生徒をとりまく人間関係をどうつくるか」という視点での活動である。

■ 関係を変えると、生徒が変わる

　それにしても、不思議といえば不思議だ。厳しく接して非行少年の行動をおさえ込んでもいいだろう。平田校長先生のほどの人ならできそうだ。それに、

教師対象に「ほめことば 100 のパターン」などの研修をバンバン組んでもいい
だろう。もしくは、「やはり教師は授業で勝負」ということで、授業研修に重
点を置いてもいいだろう。でも、少なくとも、そこに力点は置かれていない
（やっていない、ということではないだろうけど、でも、そこが言いたいのではない
だろうとも思う）。

　ここからは想像になるが、おそらく平田先生は、地域との連携（私なりの言
葉でいえば、「関係を変える」）によって、生徒が変わるという手応えをつかまれ
たからだと思う。だかこらそ、学校が転勤になっても、地域との連携を通して
生徒がさまざまな立場の人との関係を編めるように継続的に腐心されたのだろ
う。

　平田先生の考えは、「人が変わる＝発達する」ことについての理論的な議論
にも影響する。従来、発達とは、「個人のなかで起こるもの」という考えが根
強かった。たしかに、発達検査などをすれば、個人の能力は数値で測定するこ
とができるし、年数をおいて測定すれば、数値の伸びをみて確認することがで
きる。ただし、これらは、あくまで発達の「結果」を調べているにすぎない。
「どのように」発達するのかについて述べているわけではない。

　発達のメカニズムについては、さまざまな立場がある。そのひとつは、「個
人に直接教え込む」という立場だ。「教えれば発達する」といったように、「教
育」と「発達」を単純に結びつける考えである。この考えの背景にあるのは、
「子どもを直接発達させることができる」という信念である。対照的に、子ど
もの周囲の環境を整えることで、その環境を通して、子どもが発達するという
考えもある。平田先生の実践は、まさに、この後者の立場に立つだろう。その
背景にあるのは、「子どもを変えることはできない。環境・関係を通して子ど
も自身が発達する」という発達観にあるといえる。

　もっとも、「関係」といっても、その内実はさまざまである。さらに詳しく
検討する必要がある。

■「頼る」「頼られる」の関係

　平田先生は、関係の方向性について、中学校初の民間人校長藤原和博氏の言葉を借りて、「斜めの関係」を学校内に持ち込んだと書いている（29頁）。たしかに、その通りだと思う。ただ、ここでは、その「斜めの関係」を掘り下げてみたい。キーワードは、「頼る・頼られる」だ。

● 頼る関係

　特徴的なのは、生徒が、先生以外の学校外の人を「頼る」関係をつくっていることだ。「学習支援活動」（32頁）が典型だ。地域のおじちゃん、おばちゃん、おじいちゃん、おばあちゃんが、中学生に個別に対応して学習指導をする活動である。他には、保護者や地域の人による「読み聞かせ活動」もあげられる。このような学習支援活動や読み聞かせ活動に代表されるように、生徒が、学校外の人（保護者や地域の方）を頼る関係が、多彩に展開されている。

　もちろん、これらの活動では、生徒が必ずしも自発的に地域の人を頼っているわけではない。ただ、「地域の人が教える・読む−生徒が教えられる・聞く」という活動が意図的に組織されることで、結果として、生徒が知識を授かる立場になっている。そこで、象徴的な意味を込めて、生徒が地域の人に「頼る」という用語を用いた。

● 頼られる関係

　一方、生徒は頼るだけでもない、生徒が「頼られる」活動も積極的に行われている。その典型が、小学生に対する学習支援活動である。中学生が「先生」として、小学生に教えるという活動だ。しかも、そこには、「学力未習熟」（34-35頁）の生徒も含まれていたそうだ。どの程度の学力未習熟なのかは、平田先生の原稿からはわからない。ただ、2017年の教育心理学会のシンポジウムでの平田先生の発言によれば、学力的にはかなり厳しい生徒もいたとのこと。このような生徒も含めて、小学生に「頼られる」活動を行っている。

　盆踊り会復活（87-90頁）の活動も、相手から積極的に頼られている。地域に密着し、かつ、自主的に店を運営できる中学生に任せたいと地域から依頼されている。そのなかで、中学生がさまざまに奮闘している姿は、まさに「頼ら

れている」と表現してよいだろう。

● **不思議といえば不思議**

　平田先生の原稿からは「頼る」「頼られる」活動が、一貫して行われていることがわかる。

　でも、考えてみれば、不思議といえば不思議だ。活動自体は、こういっては何だが特別なものではない。普段から、先生は学習支援をしている。読み聞かせだって先生ができる。

　さらに、冷静に考えてみよう。ここだけの話、おじいちゃんの教え方は上手なのだろうか？　おじいちゃんの説明が、学校の先生よりも上手だとは思えない。読み聞かせも然り。

　活動は普通であり、しかも、その活動の質は、お世辞にも良いといえない。なのに、なぜ、平田先生は、強力にこのような実践を推し進めたのだろう。そして、何より、生徒たちの「荒れ」が収まるという変化が起きたのだろう？

● **活動が同じでも、意味が違う**

　結論から述べる。活動は同じでも、その意味が違うことにポイントがある。

　以前、大学の同僚（男性）が、就学前の子育てで、次のように愚痴をこぼしたことがある。「息子が、妻に『お茶ちょうだい』って言ってたので、気をきかして妻の代わりに、お茶を（コップに）入れてあげたんだよ。すると、息子が泣きながら『このお茶じゃない！』って怒ってん……」。苦笑いしながら、そして、共感しながら聞いた。冷静に考えれば、コップのお茶は、誰が入れても同じだ。ただ、同僚の息子さんにとっては、そのお茶を誰が入れたのかも重要だったのだろう。同じ活動でも、「誰が」行うのかによって意味が異なる。

　この「お茶」のエピソードは、「頼る関係」「頼られる関係」を考えるうえでのヒントになる。同じ学習支援をしても、関係が変わると、学習支援の意味や価値が変わり得る。

　たとえば、教師が指導をしたときに、思春期の生徒は反発することもあるだろう。「反発することがかっこいい」という価値もあるし、理由が明確でなくても「イラつく」こともあるだろう。しかし、必死になって自分を教えてくれ

る（しかも教師よりもわかりやすくはない）おじちゃん・おばちゃんに、反発することは、「かっこいいことではない」と生徒は感じているだろう。そして必死に教えてくれるおじちゃんやおばちゃんの声を素直に聞いたり、学ぼうとする意欲を出すのかもしれない。しかも、44頁にある70歳前のおばちゃんの「数学の確率」に関する指導も味がある。学習支援といいながら、「試験には出ない」という相当高度な支援であり、教師ではまず困難な学習支援である。「生徒－教師」関係のなかでは生まれない意味や価値が生成される。

　小学生に教えることについても、「教師－生徒」関係では見られない意味がある。学力が低い生徒や、荒れている生徒は、日々の学校のなかでは、「そのような生徒」として見られてきただろう。何より自分が、「勉強ができない」「荒れている」として自己規定していたであろう。しかし、このような他者からのまなざし、および自己規定は、実は中学校という場所で、かつ「教師－生徒」という枠のなかで特徴づけられたものにすぎない。小学生に教えることで、そのような規定は中和される。小学生相手に威勢を張るのは極めて「かっこ悪い」ことだし、小学生・低学年との関係であれば「中学生が教える関係性」に自然と回るからだ。何より、平田先生が指摘するように、生徒たちは、「役に立つ」という感覚を得ることで自己肯定感を有することもできるだろう。

　同じ活動でも、そこに「関係が変わる」という下地ができることで、その活動の意味が大きく変わる。そのなかで、生徒自身が変わっていく —— 発達していく。発達の動き出しは、直接的な教化でも、放置でもない。意図的に構築された関係を通してなされる。

■ 良質な関係

　ただし、「関係さえつくればよい」というわけではない。平田先生自身も、当初、地域の人を自由に呼んで、トラブルになったことを述べている。そのこともあってか、「地域の善良な市民による温かくて良質なコミュニケーション」（25頁）、「地域の善良な大人をモデルとして学校に導入する」（26頁）、「緩衝材として地域住民（もちろん地域の善意ある集団）を学校に導入する」（29頁）と

述べているように、質の高い関係をつくろうとしていることが窺える（傍点は筆者）。

　それにしても……ここでいう「善良」とは何を指すのだろう。「聖人君子」のような立派な人という意味ではないだろう。かといって、「先生のような人」でもないはずだ。地域の「善意・善良」な人々は、「ケア的な人」だろう。ここでいう「ケア」とは、「傷つけない」という意味だ（東畑，2019）。2017年のシンポジウムでの平田先生の話が参考になる。地域の人に「決して、廊下で寝転んでいる生徒を見ても注意しないでください」と伝えたそうだ。地域の人は授業中にゴロゴロしてる生徒を見ると注意したくなるだろう。しかし、注意すると、そこには、「教師－生徒」と同じような関係、つまり「注意する－反発する」関係に陥ってしまう。それだけではない。教師よりも見慣れない地域の人から注意されることは、多くの生徒にとっては、侵襲的であり、それゆえ不安を覚えるだろう。そこには、生徒を「傷つけ」る可能性がある。すごい人ではなく、「生徒を傷つけない人」が「善良・善意」ある地域の人としてとらえられているのだろう。

　「社会は厳しい」という名のもとに、さまざまな関係を無意図的につくるのではない。学校は社会の縮図ではない。社会に開かれつつ、社会からのアジール（避難所）でもなければならない。格差社会・競争社会のなかですでに傷ついてきた生徒が、自分で自分を変えていく原動力を発揮するには、自分を傷つけない関係が求められるのだろう。

■ おわりに

　子どもが問題を起こすと、子どもを変えたくなる。しかし、子どもを変えることはできない。「発達は自己運動」とよばれるように、子ども自身が変わっていくのである。もちろん、教師は何もできないわけではない。さまざまな良質の関係を、子どもに出会わせることができる。子どもを取り巻く関係を変えることで、子ども自身が変わっていく。そんな、子どもが発達する動き出しのリアルな様相を、平田先生の原稿から学ぶことができた。

最後にひとつ要望を書いておきたい。私が専門とする発達障害のある生徒は、どのような学びや発達を示したのかを知りたいと思う。特に、積極的にコミュニケーションをとらず「問題」が見えにくい、自閉症スペクトラム障害の生徒は、さまざまな関係が組み替え直されるなかで、どのように学んだのか（もしくは学びにくかったのか）について、今後、記述いただけると、実践をより多面的に理解できるだろう。

引用文献

東畑開人 (2019).　居るのはつらいよ――ケアとセラピーについての覚書――　医学書院

⑩　学校・教師不信時代における学校改善
～責任と原因の重荷を課せられた学校を支える～

白松　賢●愛媛大学大学院教育学研究科

■ 「学校の荒れ」に向き合う —— 教育問題の学校・教師原因説

　本実践の最も強い印象は、学校現場が教育の多大なる責任を担っており、財政的、人的資源を増加されないなか、少しでもより良い教育を提供しようと必死になっている「教師の献身性」であった。本実践は、学校の「荒れ」に対して、地域の協力を得て生徒の自発性・自治性を高めながら、教育基本法で本来目的としている「人格の完成」や健全な社会の形成者の育成に向き合うものである。「不登校数」「全国学力・学習状況調査の結果」など、教育のエビデンス希求が高まっているが、そのなかで、本実践の意義は、教育基本法第一条をダイレクトに意識したエビデンスのひとつとなっている。このことをまずは評価して、本実践の多角的検討を行いたい。第一に検討したいことは、学校の信頼構築が極めて困難な時代になったという問題である。

　わが国では、2000年代以降の教育政策が、教員の職場環境を悪化させ、教師の魅力や社会的地位（信頼）を低減させてきたといわれる（山田，2013）。先進国でも同じように、教育問題の原因として教師の資質能力の低下が言及され、教育施策のなかで学校の教育改善が叫ばれる（Kumashiro, 2012）。この言説下で新自由主義教育改革や教育基本法の改正など、教育改革の中央集権化が進められてきた。

　そのため、教育施策は強い強制力をもって学校現場におりており、各学校は政府や行政によって提言される教育改革をすり鉢の底のようにすべて受け止め、いずれにも前向きに取り組むことが強く求められることになった。学校支援地域本部は、教育基本法の改正により、学校・家庭・地域の連携協力をより強く求めるかたちで開始されている。この難題に対して、実直に向き合った、この

実践事例は、管理職の置かれた苦しい立場や実践のプロセスが明確に残されている貴重な資料である。

■ 本実践の三つの資料的価値

　第二に検討したいことが、学校支援地域本部を通じた学校の信頼構築に対して、本実践の資料的価値である。ここには、三つの価値が示唆されている。

　第一は、正統的周辺参加（LPP）型の活動展開の重要性である（Lave & Wenger, 1991/1993）。学校支援地域本部は生涯学習や社会教育の領域から発展しており、本実践で示されるように、正統的周辺参加型の活動の発展、すなわち中心的に活動する数名から周囲への参加（に伴う知識や行動の学習）を波及させる方法が記述されている。その意味では、本実践は、この展開過程を探求するうえで極めて重要な資料となっている。学校支援地域本部に関して、学校（管理職）発信で、教員、保護者、地域に理解を得ながら、失敗事例も踏まえて、活動の過程が詳述されている。そして学校の教育活動において、社会関係資本（ソーシャルキャピタル）として地域が編成されていく姿が描かれており、分析的資料としての価値がある。たとえば、学校に対して、生徒の問題について批判的な連絡を入れている地域は、それだけ、生徒や学校に関心をもっていることを意味する。この関心をひとつの資本として、学習ボランティアでは、学習上の困難を抱える生徒の理解と支援につなげたり、生徒の姿の変容から、中学生を多角的な視点で認め賞賛する「斜めの関係」につなげたりしている。

　第二は、生徒の自発的、自治的活動を重視した学校経営による信頼構築の方途である。学校の荒れには、20世紀型モデルとして、管理主義的な生徒指導を強化する方策がとられてきた。しかしながら、その指導には限界がきている。体罰が暗黙的に行われていた1980年代と異なり、生徒を叱れば保護者に叱られる（生徒に対する指導の方向性を保護者に理解していただけない）時代に、20世紀の管理統制モデルでは対応できない現状がある。さらに、教師の指導により生徒を落ち着かせるという考え方そのものが、生徒を顧客化しており、生徒が教師の提供するサービスに不満をもった場合、荒れるという構造をそのまま残

すことになる。そのため本実践は、20世紀型生徒指導の限界を問題化し、平成29年学習指導要領で示された「生徒の自発的、自治的活動を中心とした学級経営」に期待されている生徒指導の有益さを示している。それは、生徒の姿（意識、言動や行動）を変えるには、生徒を学校の顧客ではなく、サービス提供者としてアクターの役割をもたせることである。学力向上が叫ばれ、生徒の顧客化が進む現状だからこそ、サービスを提供する担い手の一人（社会の形成者）として自らを意識させ、生徒の姿を変容させることが急務である。この変容に地域の人々を立ち会わせることで、学校の「荒れ」に対する見方を再構成している点は非常に興味深い。また生徒の自発的、自治的活動を促進するため、学校の限界を把握し、特に若い先生を中心にした指導の方針を共有し、授業中の教師が教室内の指導に集中する生徒指導の共通化（みんなで徹底する内容を最小限化して共有する方法）を図っていることも重要な点である。学校と学級の荒れは、生徒指導に関する教師間の差異（学校内での指導のゆがみ）や教師の指導疲れによるゆるみなどによって生じる面も少なくない（白松, 2017）。一部の問題行動に振り回されるのではなく、弾力的にかかわりながら、学校の要求する文化に適応する生徒をも大切にする指導体制の構築という意味でも、指導の最小限化と共有化のあり方は、重要な実践方策を示している。

　第三は、ナラティヴ・インクワイアリーに基づく学校文化の再構成である。学校内部に閉ざした言語的資源ではなく、社会に開かれた言語的資源に触れさせることで、生徒の閉塞感を解放している経験がしばしば本実践には描かれている。たとえば、その事例が数学の確率に関する支援者である地域の方の言葉であろう（「こんなの出りゃーせん。私もわからんけど、生きてこられた」）。こういった「斜めの関係」の構築により、学校内部の言語的資源の閉塞感を解放し、「荒れ」の解消プロセスが描かれている。また、「トイレ掃除」の事例では、活動そのものが重要なのではなく、「誰でもできることを、誰も真似できないくらい徹底的にやること」というナラティヴ（語り）が学校内外に浸透していくことが重要だったのだろう。ナラティヴ・インクワイアリーの理論（Clandinin, 2013）について、実践ではこの理論を意識していたわけではないが、経験則に

基づき、結果として実践されていたことには違いない。そのため、学校のなかで出会うナラティヴ（語り：言語的資源）が学校支援地域本部の展開のなかで多様に拓かれ、地域の事情に根ざした学校文化の変容につながることを、本実践は示唆しており、個人的にはここに大きな興味を惹かれる実践であった。

■ 「成果の見える化」によるリアリティ構成

　本実践の「成果の見える化」を三つ目に検討してみたい。

　本実践では、学校の安全・安心肯定率、自己肯定感、学校所属感、社会貢献意識、地域への関心、地域社会活動への参画など、学力や不登校数といった教育を矮小化する成果指標ではなく、「人格の完成」や健全な社会の形成者の育成という教育基本法第一条を目指した指標を多く設定している。これらの指標の多元化は、「荒れ」に悩む学校の成果指標としても極めて有益な方策であるだろう。

　教育の成果は、$Y = aX + b$ のような単純な一次関数にはならないことはよく知られている。たとえば、学力向上のデータ分析において、家庭の変数を投入すれば、ほとんど学校の影響はなくなってしまう。にもかかわらず、学校では「○○を実践したこと」で、「学力が向上した」「児童生徒の学校適応度が高まった」といったストーリーが絶えず繰り返されている。そのため、規格化されたり、画一化されたりして、学校の多様な実践が矮小化される。

　この教育改革による教育の規格化や画一化による矮小化が進行する現在だからこそ、学校支援地域本部（地域学校協働活動やコミュニティスクール）を推進する管理職にとって、教育の多元的な解放という魅力がしばしば語られる。本実践や成果の見える化の取り組みは、その多元的な成果の保障に真正面から向き合った記録として、非常に高く評価される必要があるだろう。地域、教職員、保護者に理解を得るためには、「成果を見える化」し、それぞれの改善のリアリティを構成しようとするプロセスとしても、重要な記録となっている。

■ 葛藤と向き合う実践の脆弱性 ── 学校や教師の重荷を軽減するために

　最後に、本実践の記録をどのように読むか、どのように分析するか、という点において、課題を示しておきたい。

　第一に、「地域は善なる存在か」という点である。現在、少子高齢化エリアの教育問題の調査に入っている。その過程で、ふたつのネガティヴな経験をしてきた。

　ひとつに、教師や保護者は地域をあまり高く評価していない、という問題である。たとえば、地域の方々が教育実践にかかわる際に、先回りして手をかけすぎてしまい、児童生徒の活動で失敗体験から学ぶ経験を喪失させてしまったり、教師や保護者に指示をして子どもの活動を見守る時間を保障させてくれなかったりする、というものである。他にも、地域の方々とは、一部の、それも地域で力をもった人たちを意味していて、その一部の方のネットワーク以外、学校に入れなかったり、排他性が児童生徒や保護者の関係に持ち込まれたりする、という問題が語られる。一見、地域と協力的に活動をしている学校でも、管理職と一部の地域の人のネットワークを中核としている場合、教職員に、地域の他の方からの不満をささやかれるということはフィールドワークのなかで、しばしば語られた。

　いまひとつに、先の問題ともかかわるが、少子高齢化の進む地域には、「モデルとしての大人」という点において、人的資源の課題がある。地域創生を担っている方で、比較的成功している方には、異なる地域から移住してきた人や都市部からのＵターンの人も多い。その方々から、しばしば、「地域を守ってきたという人は、地域を廃れさせてきた人だ」という言葉を聞く機会もあった。この言葉はかなり手厳しいものであるが、変化の激しい社会においては、生徒にとって将来の仕事や生活が必ずしも地域のコミュニティにあるとはかぎらない。そのため、「地域文化の継承」「地域社会への参画」という点において、地域の大人が重要なモデルであることには違いがないが、かなり限定的なモデルである、ということに留意する必要がある。

　第二は、「学校」・「家庭」・「地域」のそれぞれが一枚岩の組織ではない、という問題である。当たり前のことではあるが、よく学校と地域の連携という際

に、学校の内部や地域の内部の葛藤が前提となっていない語りに触れることは多い。本実践のなかでも示唆されることは、地域のボランティア組織の問題であったり、教員間の温度差や理解度の差であったり、家庭のさまざまな格差であったり、それぞれの社会関係のなかには多様な葛藤や違いが存在する。だからこそ、手を取り合えるところから、手を取り合い、生徒の姿の変容に触れることで、学校教育への参画者や理解者を増大させる。生涯学習・社会教育として展開するからこそ、正統的周辺参加型の発展を保障することができるのであるが、これを正規の教育課程に組み込むと、強制参画となり、多様な地域、保護者、教員の葛藤が表出されていくことになる。この点、今後のコミュニティスクールの展開には、かなり留意する必要がある。

　本実践では、地域の葛藤の内実への向き合い方の記録に、まだまだ課題があるといえよう。

　このような課題を示したのは、本実践の読み方に関する注意書きとして考えるためである。本実践では、学校支援地域本部を推進すべき、という政策のエビデンスではない。むしろ本実践は、人的、物的、財政的資源に乏しい学校がさまざまな教育施策（本実践では学校支援地域本部）を利用して、取り組んだ苦悩と努力のプロセスであり、教育改革で強いられる教師や地域の献身性の表象として読まれるべき物語である。責任と原因の重荷を背負わされた学校をいかに私たちが支援すべきか。本書によって、この疑問が喚起され、教育施策のもたらす学校の苦しみも議論されることを期待している。

引用文献

Clandinin, D. J. (2013). *Engaging in Narrative Inquiry*. Left Coast Press.

Kumashiro, K. K. (2012). *Bad Teacher!: How Blaming Teachers Distorts the Bigger Picture*. Teachers College Press.

Lave, J., & Wenger, E. (1991). *Situated learning: Legitimate peripheral participation.* New York: Cambridge University Press（レイヴ, J. ＆ ウェンガー, E.　佐伯　胖（訳）（1993）. 状況に埋め込まれた学習——正統的周辺参加——　産業図書）

白松　賢（2017）. 学級経営の教科書　東洋館出版社

山田浩之（2013）. 「教員の資質低下」という幻想　教育学研究, *80*, 453-465.

⓫ 多様性・関係・成果の可視化と学校・地域の変化
～三つの可視化を踏まえた活動継続の課題と展望～

大久保智生 ● 香川大学教育学部

■ はじめに

　平田氏の実践の軌跡は、リーダーシップのある管理職としてさまざまな人の支援を受け、困難な学校を立て直したというありがちな成功談に留まるものではない。平田氏の実践をリーダーシップのみに焦点を当てて論じることは、教育機関には強いリーダーシップが必要だという最近の風潮と類似した議論になる恐れがあるため、注意が必要だろう。

　新たな活動の開始には力のあるリーダーの存在が欠かせないが、力のあるリーダーがいなくなると活動が萎んでしまうことは一般的にも知られている。歴史を鑑みても活動を継続させることは活動を開始することよりもはるかに難しい。発生と継続では要因が変わっていくという Becker（1963）の指摘からも、こうした発生と継続の要因は分けて考える必要がある。発生と継続を分けて考えると、平田氏の実践の開始（発生）の要因についてはリーダーシップに還元できるかもしれないが、継続の要因についてはリーダーシップのみに還元できるものではない。平田氏の実践は生徒、教師、保護者、地域ボランティアを含む地域住民との関係性のなかで試行錯誤しながら、さまざまな仕掛けを考え、展開していったといえる。したがって、ここでは、どのような仕掛けが活動の継続による学校や地域の変化とかかわるのかについて考察し、学校と地域の協働に関する誤解を解きながら、今後の課題と展望について論じていく。

■ 三つの可視化とそれに伴う学校と地域の変化

　この活動の継続の仕掛けについてあえて読み解くならば、見える化、すなわ

ち可視化がキーワードであろう。教育社会学者の内田（2020）は学校の現状の見える化の推進を提唱しているが、ここでは学校と地域の連携・協働の継続について、「可視化（見える化）」をキーワードに考えていきたい。可視化といっても学校の現状が見えるようになったというだけでなく、学校の何が見えるようになったのかをここでは考察していく。平田氏の実践は、この学校を可視化するための仕掛けが溢れている。特に、ここでは、多様性の可視化、関係の可視化、成果の可視化という三つの可視化の観点から、活動継続のための効果的な連携・協働のあり方について考えてみたい。

● 多様性の可視化

　連携・協働の相手となる他者が多様な価値観をもった存在であることを理解することは、連携・協働を行っていくうえで基礎となるものである。実際、相手がどのような状況や状態にいるのかを知らずに、連携や協働を行っていくことは難しい。なぜならば、相手が何を考えているのかについてお互いにわからなくては、信頼できるパートナーとなり得ないからである。また、ここでは多様性の可視化と述べているが、状況や状態の可視化と言い換えることも可能である。相手の状況や状態を知ることとは顔の見える個人として相手を知ることといってもよい。つまり、個別具体的な他者として立ち現れるということである。

　平田氏の実践は生徒の側から考えると、教師と保護者以外に多様な価値観をもつ大人がいることを知ることにつながる。教師に比べ、地域住民は価値観も背景も非常に多様である。このことは「こんなの出りゃーせん」という学習支援のエピソードに代表されるように、教師や保護者とは違う価値観をもつ多様な大人がいることが見えるようになる。地域住民の側から考えると、生徒それぞれが多様な個人であることを知ることにつながる。メディアのなかで語られる「すぐにキレる」「話が通じない」モンスターのように思えていた中学生に実際に会って話してみると、普通の中学生であることがわかるのである。ここでは、大久保（2011）が指摘しているような「今どきの子どもは」という言説における子どもに実際にかかわることの重要性がみてとれる。また、平田氏の

実践は地域住民が教師の置かれている状況を知ることにもつながる。メディアのなかで語られるような問題を起こす教師はほんの一部であり、多くの教師は生徒のために懸命に努力している。その姿が見えるからこそ、地域住民は学校のためにできることをしようとなり、学校に関心をもつようになる。一方、教師からすると、地域住民が学校に関心をもっていることを知ることにつながるのである。

このようにお互いの顔が見え、お互いにどのようなことを考えているか、多様な価値観が見えることが活動の継続において重要である。つまり、多様性の可視化は相手の顔が見えること、相互理解につながるものであるといえ、相互理解が基礎となり、活動が継続していくと考えられる。

● 関係の可視化

関係の可視化とは、自分以外の他者同士のつながりが見えることである。この関係の可視化は相手への信頼を生むため、連携や協働を行っていくうえで非常に重要である。また、この関係の可視化は間接的な効果を生み出すものといえる。加藤・大久保（2009）は学校の荒れの収束過程について検討し、間接的な効果について図式化している。この間接的な効果とは、自分とある者との関係のあり方を第三者に可視化することで、さらに第三者と自分との関係をつくっていくことを指す。そこには指導する者と指導される者、それを見ている第三者が存在することを加藤・大久保（2009）は想定している。多様性の可視化との違いは、多様性の可視化は二者関係を記述しているが、関係の可視化は三者関係を記述したものであるといえよう。

平田氏の実践は外から見えやすく、第三者が介在するかかわりを数多く行っている。たとえば、教師が問題生徒にきちんと指導すること、すなわち教師の頑張りを一般生徒が見ることで一般生徒の教師への信頼が増していくのである（加藤・大久保, 2009）。同様に、教師が地域住民とつながっていることで生徒からの教師への信頼が増す、地域住民が生徒にきちんと指導している教師の姿を見ることで教師への信頼が増すことなども考えられる。また、生徒と地域住民とのやりとりを見るなかで、教師が生徒の別の一面を発見することなども考

えられる。こうした間接的な効果が場の雰囲気を変えていくことからも、学校が変わっていったのも当然の結果といえる。

　平田氏の実践はこうした関係を可視化していく実践、すなわち見えるつながりをつくっていくことを数多く含んでいる。これは学校における地域ボランティアの存在を前提にしていることが大きい。地域ボランティアの存在により、三者関係が必然的に多くなるのである。こうした三者関係により信頼が増していき、連携や協働しやすい雰囲気が形成されていったと考えられる。

● 成果の可視化

　Ｚ中学校に平田氏が着任して、すぐに筆者は学校を訪れたが、階段や廊下の暗さや寂しさに驚いた。しかし、学校を訪れるたびにいろいろな意味で明るくなっていった。平田氏は学校の変化を逐一発信し、地域ボランティアがごく普通に校内を歩いている。さらに、廊下や階段がさまざまな作品で埋め尽くされており、生徒の地域住民への感謝の手紙が掲示されている。これらは成果の可視化といえる。一般的な学校では地域住民は学校の取り組みをよく知らないが、平田氏が学校支援地域本部事業を導入した学校では地域住民が学校の取り組みをよく知っている（大久保・岡鼻・時岡・岡田・平田・福圓，2013）。平田氏が学校の取り組みや変化をどんどん発信していき、学校に地域住民がどんどんやって来ているのだから当然である。

　こうした成果の可視化は地域ボランティアの活動の継続の動機づけにとって必要不可欠である。地域ボランティアは普段の活動のなかでどのような貢献をしているのかが見えにくい。ボランティア活動はマンネリ化しやすいが、成果の可視化によって普段のボランティアの活動が子どもや学校に貢献していることを実感できるのである。つまり、成果が見えると自らの活動に対する自信を深め、継続の動機づけが増すといえる。さらに、学校支援地域本部事業が成果を上げ、それが見えることで学校側も変化していったといえる。当初、これまでの学校の姿と異なるため、活動をどう評価していいのかわからなかった教師と活動に熱心な地域ボランティアとのあいだで温度差があったが、成果が見えることで温度差は解消されていった。このように、成果の可視化は教師と地域

ボランティア間において、同じ方向に向かうという意味でも意思統一や課題の共有などにつながるものであるといえる。

　加えて、平田氏は望ましくない結果であっても可視化していく。学校の荒れについて、積極的に公開し、地域の協力を求めたことからも、このことは明らかである。学校が荒れると、それを指導力に欠ける恥ずかしい事態ととらえ、校内の状況を隠すようになることはよくある（加藤・大久保, 2009）。しかし、平田氏は学校の荒れという現状を発信していくことにより、地域住民の力を借りて学校をよりよくする機会ととらえていたといえる。望ましくない結果であっても公開するというように、学校が変わりつつあることを地域住民も知るようになり、さらに連携や協働を行いやすい状態になっていくのである。平田氏の実践にはこうした仕掛けが数多く含まれているといえる。

■ 三つの可視化を踏まえた活動継続の課題と展望

　学校の現状が可視化されることで学校と地域の何が変わったのか。わかりやすくいえば「元気になっていく」「活気が出てくる」ということである。大久保・時岡・平田・福圓・江村（2011）の調査からも学校や地域が元気になっていったことがみてとれる。しかし、良いことばかりに見える学校と地域の協働に課題がないわけではなく、誤解されていることも多い。ここでは学校と地域の協働に関する誤解を解きながら、三つの可視化を踏まえ、今後の課題と展望について考えてみたい

●教師のためではなく、お互いにメリットのある活動へ

　学校は学校支援地域本部事業を教師の負担を減らすための事業として考えがちであるが、この事業が教師の負担を増やすという皮肉な事態も生じている。ただし、地域と学校の協働は単に教師の負担を減らすためのものではない。これは平田氏のかかわった学校ではないが、教師の代わりに地域ボランティアが別室でテストの採点をするなど、教師の行うべき作業を地域ボランティアが下請けとして行うことを協働とよんでいる学校もある。これは協働とはよび難く、相手が見えず、つながりも見えないことから多様性（状況）と関係の可視化の

失敗といえる。学校が地域ボランティアを下請けとして見ている時点で多様性（状況）の可視化による相互理解は存在していない。さらに、生徒から教師と地域ボランティアがつながっていることが見えないため、関係の可視化による信頼も存在していない。教師がやりたくないことを地域ボランティアにやらせていることを見た際に、生徒の教師への信頼が増すとは到底思えない。重要なのは、地域や学校の課題の解決のために誰かが犠牲になるのではなく、地域と学校の Win-Win の関係づくりであろう。

●マニュアルではなく、地域の特性を踏まえた活動の展開へ

平田氏の実践のような成功事例と同じことをすればいいというものではない。平田氏の実践においても、その後、事業が発展している学校とそうでない学校があることも事実である。こうすればうまくいくというマニュアルやパッケージ化された教育が受け入れられがちだが、そこでは成功事例と同じことをすればいいという過度の一般化が行われている。しかし、実践してみるとうまくいかないことが多々ある。これはうまくいかなかったことについては見える化していないため、ある意味、成果の可視化の失敗といえる。成功事例に見えるものも、単純にこれをしたからこうなった（こうなる）というものではなく、その地域だからうまくいった可能性もある。実際、平田氏自身も地域によってやり方を変えている。重要なのは、地域のさまざまな特性を踏まえ、活動を展開していくことであろう。

●短期的な視野ではなく、長期的な視野での活動へ

近年、教育について短期的な視野で成果を求める傾向があるが、学校と地域の協働も短期的な視野でとらえがちである。たとえば、学習支援で学習塾のような短期的な学力の向上を目的にすると、効果は学力向上に限られてしまい、さまざまな可能性が狭まるといえる。これは多様性や関係の可視化の失敗といえる。地域ボランティアが教師や保護者と同じ価値観でないことが重要なのである。実際、学習支援ではうまく教えられるかどうかが重要なのではない。むしろ一緒に考え、自分を気にかけてくれる大人がいるということを学ぶ場、多様性や関係が可視化される場として機能することが重要なのである。特に、こ

の気にかけてくれる人が目の前にいることが中学生にとって重要なのである。そして、平田氏の実践では、地域から支援されるだけでなく、最終的には学校による地域への貢献を目指している。つまり、気にかけてもらった中学生が、誰かを気にかけるようになることを目指しているのであり、これは中学生であることに留まらない長期的な視野でとらえていることを意味している。したがって、学校と地域の協働では、長期的な視野で活動をとらえ、学校と地域で活動の意義の明確化と共有を行う必要があるだろう。

引用文献

Becker, H. S. (1963). *Outsiders: Studies In the sociology of deviance*. London: Free Press.
（ベッカー，H. S. 村上直之（訳）(1993). アウトサイダーズ——ラベリング論とはなにか——（新装版） 新泉社）

加藤弘通・大久保智生 (2009). 学校の荒れの収束過程と生徒指導の変化——二者関係から三者関係に基づく指導へ—— 教育心理学研究, *57*, 466-477.

大久保智生 (2011). 現代の子どもや若者は社会性が欠如しているのか——コミュニケーション能力と規範意識の低下言説からみる社会—— 大久保智生・牧 郁子（編）実践をふりかえるための教育心理学——教育心理にまつわる言説を疑う—— ナカニシヤ出版 pp. 113-128.

大久保智生・岡鼻千尋・時岡晴美・岡田 涼・平田俊治・福圓良子 (2013). 学校支援地域本部事業の取り組み成果にみる学校・地域間関係の再編（その3）——学校の取り組みへの認知と地域社会での交流の関連—— 香川大学教育実践総合研究, *27*, 117-125.

大久保智生・時岡晴美・平田俊治・福圓良子・江村早紀 (2011). 学校支援地域本部事業の取り組み成果にみる学校・地域間関係の再編（その2）——生徒，地域ボランティア，教師の意識調査から—— 香川大学教育実践総合研究, *22*, 139-148.

内田 良 (2020). 学校の現状を見える化する——「一年単位の変形労働時間制」の導入は可能なのか?—— 内田 良・広田照幸・髙橋 哲・嶋﨑 量・斉藤ひでみ 迷走する教員の働き方改革——変形労働時間制を考える—— 岩波書店 pp. 3-17.

⑫ 学校は地域にイノベーションを起こせるか
～社会教育・地域教育の立場から学校実践を評価する～

清國祐二 ● 教職員支援機構つくば中央研修センター

■ 地域へのインパクトとは何であったのか

　本書第1部は全編を通じて、平田元中学校長（教頭）が自らの教育実践を回想しつつ、課題を抱えた生徒たちが地域住民の力を借りることで立ち直り、学校本来の機能を回復したことが述懐されている。校長（教頭）という立場から、教育課程以外の領域が中心で、教科的な力というよりは、地域住民を含む多様な人間関係のなかで育まれる生徒の人間的な力にかかわる部分が中心となっている。

　筆者は社会教育学・生涯学習論を専門とし、自身も居住校区の学校サポート協議会（高松型学校運営協議会）の構成員として十余年参画し、立ち上げ時には学校支援ボランティアへの研修等を率先して実施したこともある。他校区ではボランタリーな地域活動として子どもの冒険遊び場（プレーパーク）の運営に丸17年携わり、ほぼ同じ時期におやじの会（居住校区とともに香川県ネットワーク）にも深くかかわった。これらの活動は学校との連携・協力なくしては成り立たず、その意味では「学校と地域の連携・協働」を地域目線で解釈できる強みがある。

　平田氏は「学校の力だけで解決できる限界をすでに超えている」という主旨の記述をしており（22頁）、そのことが現在の学校教育の状況を物語っている。そもそも学校の閉塞感や山積する課題を打破するための切り札のひとつが、学校運営協議会や学校支援地域本部事業（現在の地域学校協働活動）であったはずだ。平田氏の取り組みはまさにこの狙いや趣旨に沿うものであった。一方で、それはそっくりそのまま「地域の力だけでは地域課題を解決できる限界を超えている」と置き換えられる。地方の人口減少、それをもたらす若年人口の流出、

その結果否応なしに訪れる高齢化と少子化の大波は、すでに地方行政や地域住民の手に負えない巨大モンスターへと肥大化してしまった。それらの直接的な解決に学校が乗り出すのは筋が違うが、教育を通して地域に未来への希望や活力を与える潜在的な力は十分備えている。

　地域へのインパクトとはまさに「未来への希望や活力」であり、「地域の子どもを育てる主体」となることで地域住民が持続可能な地域づくりへの意識を高めるのだ。多くの地方が共通に抱える課題として、大学進学や就職を機に若年人口が大量に流出することがあげられる。それがやむを得ない状況であるとすれば、子どもたちが郷里を離れて初めて郷里を相対的に評価できる立場に身を置くことに想像力をめぐらせたい。郷里の価値を高める取り組みができているのか、そのために必要なことは何なのかを地域をあげて考えていただきたい。そこで合意形成された取り組みの実現に向けて、地域住民としての責任を果たすのである。

■ 教育の目的は地域のためにもある

　平田氏の述懐のなかに、「数字にこだわりすぎると肝心なものを見失う」（23頁）という箇所があった。たしかに教育基本法を参照すると、教育の目的には「人格の完成」とともに、「国家及び社会の形成者」や「心身ともに健康な国民」となること（第一条）が銘記されている。平成18年（2006年）の法律改正時には、生涯学習の理念が新たに条文に加えられ、これまで以上に国民の生涯にわたる教育権・学習権が強調された。

　一般に、教育はもっぱら子どもが対象として想定され、大人はあくまでもその自発性に委ねられ、教育の対象とは受け止められてこなかった。当然のことながら、大人もその対象であり、学習環境を整備することで学びが生起するのである。社会教育法では「国及び地方公共団体は、（中略）環境を醸成するように努めなければならない。」（第三条）とあるように、教育（環境の醸成）は行政の義務である。また自立性の高い大人であるがゆえに、需要のあるところでは民間教育文化産業の提供する教育機会が受益者負担で行われることもある。

大人は個人の学びの他に、PTA や子ども会育成会、青年団体、女性団体、高齢者団体等に代表される社会教育関係団体においても学んできた。そして、それらは結果的に地域づくりにつながり、地域での幸せで豊かな暮らしをつくってきた。これらの団体にはそもそも教育機能が内在しており、研修のみならず団体の活動を通してもさまざまな学びが生起してきた。しかし、全国的にみて地域団体の状況は芳しくなく、個人の価値観の変容や人口減少、高齢化の影響を受け、組織の維持すら危うく、機能不全に陥っている団体も散見される。

前置きが長くなってしまったが、学校との組織的な連携・協働をしようとすれば、社会教育関係団体の存在は見過ごせない。そもそも社会教育活動を行ってきた団体であるため、自治会や町内会といったまちづくり組織とは性質を異にしている。地域教育の未来に向け、地域の活性化や持続可能性につなぐ教育のあり方について学校とともに議論することがあってもよい。地域が主体的に地域の子どもに何を手渡すのか、将来地域に思いを馳せられる人材をどう育成するのか、「当事者意識の浸透」を目指し、「ステイクホルダーの熟議による合意形成」を図ってほしい。

■ 学校は社会の縮図である

平田氏は、課題を抱えた生徒について「負荷がかかると自信を失いがちで耐性に乏しい」（34頁）と記している。つまり困難を自分の力で乗り越えようとする発想がそもそもなく、エネルギーの使い方もその困難を拒絶したり逃げたりするために使うというのである。実に的を射た表現であり、大いに共感する。負荷とは課題と置き換えることもできよう。困難な課題がたとえ自分のものであっても、失敗による挫折が怖いのか、成功体験がないのか、あきらめて投げ出すという最も安易な方法が選択されるのである。また、あるときは大人に対して反発し引きこもってしまう。

そうやって大人になってしまい、そのままでいる人は案外多いのかもしれない。教員であっても例外ではないのでは、というのが筆者の実感である。「誰が責任をとるのか？（自分が責任を果たす発想はない）」「そもそも何の意味があ

るのか？（考えるだけ無駄だ）」「税金で飯を食っている者の仕事だ！（公務員に押し付ければいい）」などという言葉を耳にすることは珍しくない。前向きに、建設的に、みんなで協力して乗り越えようとすれば、たとえ理想の結果に届かずとも、個人にもコミュニティにも大きな副産物が残るのだが、現実は一筋縄ではいかない。学校も地域も構造は一緒である。

　悲観的にみるとそうなのだが、捨てたものではない状況もある。地域には学校に関心を寄せてくれる応援団が必ず存在している。ときに口は悪いが、学校や教員への期待や信頼は大きく、それに比例して厳しい要求も突き付けてくる。その奥の深い愛情が読み取れれば、学校との協力関係はうまくいくが、読み誤ってしまうと溝となってしまう。そもそも学校文化や教員文化は、子どもにとっての多様性はあっても、地域に対しては無謬性に基づく官僚文化でしかないのかもしれない。であるがゆえの「学校は社会の縮図」なのである。豊かな多様性を認める共生社会の実現に向けて、学校がどのような変革を遂げるのか、それは「学校と地域」という構図のなかで試されるのではないだろうか。

■ 地域住民はなぜ継続してかかわるのか

　平田氏の述懐では、ボランティアの継続についてのやりとりのなかに、「半分は意地です」（ボランティア）、「強い意志を感じた」（平田氏）とある（47頁）。ボランティアがどうして活動を継続するのかは、一言で語ることは難しい。なぜならば、それぞれの背景・事情・信念・思想・哲学があるからだ。

　ボランティアがいつのまにか仕事のようになっている人が筆者のまわりに少なからずいる。そのような殊勝な方々と話をすると、きっかけや動機、活動内容はさまざまであるが、行き着くところは「結局は好きなんですよ」という言葉に収斂される。この言葉には微妙なニュアンスが含まれる。本人が言うことに何ら問題はないが、何もやってない人から「あの人は好きでやってるんだよ」と言われると、「あなたに（だけは）言われたくないよ」と腹立たしく感じてしまう。続けているのにはそれなりの理由があるのだ。「楽しいからね」「感謝されるとね」「子どもたちの笑顔がね」など、活動から得られるものもあ

る。「使命感からかな」「自分が始めたからね」「やめられないね」など、活動
への責任も感じている。「断れないんだよね」「深く考えてないよ」「時間があ
るしね」など、性格や人柄をあらわす言葉もある。ちょっとした一言の背景に
思いをめぐらせ、ねぎらいの言葉をかけられれば、ボランティアは気持ちよく
活動できる。

　地域の人は完全無償のボランティアである。仕事をもっていたり、家事や介
護があったり、それなりの事情を抱えているなかで、時間を割いて労力を提供
してくれる。継続して参加してくれる殊勝な方々はあまり不平や不満につなが
ることはないが、時折うまくいかなかった場合には本音が頭をもたげることが
ある。「親や先生はボランティア任せにしてどういうつもりなんだろうね」「感
謝の一言が出ないかね」というような言い回しである（85頁にも同様の記述あ
り）。筆者もこのようなニュアンスの発言を聞くことがある。ボランティアの
気持ちを静めるには顔を出してねぎらいの言葉ひとつかけることが有効ではあ
るが、「学校支援」や「放課後・土曜日支援」の趣旨からいえば、そこへの教
員の動員は本末転倒になりかねない。しかし、修復できなければ、この行き着
く先は「連携・協力の解消」となってしまうことは想像に難くない。善意に基
づく活動であるがゆえの難しさであり、ボランティアの成熟に向けた別の支援
が必要である。

■ 感謝の心を育む地域での経験

　自己肯定感とともに「感謝の心」に注目したい。感謝とは「ありがたいと思
うこと。ありがたさを感じて謝意を表すること」（大辞林第三版）であり、特定
の誰かからの行為や発言に対して行うことが多い。「今、生きていることに感
謝する」などと、見えない力・運命・偶然などに対して使う場合もある。いう
までもないが、感謝の言葉を日常生活でたくさん使う人もいれば、ほとんど使
わない人もいる。

　感謝とは想像力と連動しており、それを言葉にできる表現力・実行力とも関
連している。適切な例ではないかもしれないが、共感が得やすいので、スポー

ツ選手の例をあげる。メダリストなど（いわゆる勝者）のインタビュー場面である。すべてとは言わないが、ほとんどの選手は両親や直接お世話になった方々への感謝の言葉を口にする。さらに、直接ではないが応援してくれた方々へも同じく感謝の意を示す。反対に、敗者はどうであろうか。自分のふがいなさ、期待に応えられなかった申し訳なさ、自責の念に駆られ、後悔の念に苛まれる。感謝までいきつく気持ちの余裕はそこにはない。両者を比較すると、最大の差は「気持ちの余裕」といえよう。もちろん敗者の弁を責めたてるつもりはない。勝敗は結果でしかなく、過程は両者とも変わらず尊いのだ。

　翻って、中学生の事例に目を向けよう（87-90頁）。地域住民と学校との良好な関係が構築されることによって、生徒の活躍の場が地域に生まれたことは、平田氏の述懐からも明らかである。中学生中心の盆踊り会実行委員会ができることで、地域側に盆踊り支援委員会ができたことは実にユニークである。支援といっても、生徒を管理したり、評価したりしようとする意図は地域側にはない。中学生は当然のことながら社会経験に乏しいため、困難に直面したときに相談に乗り、手を貸そうということである。地域のための努力する中学生という存在そのものが地域住民を惹きつけ、その組織化を促し、大人の純粋さを取り戻させるのである。

　盆踊り会実行委員長の感謝の言葉が地域の人たちの感動を呼び起こした瞬間を思い起こしてみよう（88頁）。実行委員長としての重責を果たした達成感と安堵から、気持ちの余裕が生まれ、周囲への想像力がめぐり、ごく自然に感謝の言葉が口をついて出てきたのだろう。地域行事である盆踊り会の準備に時間と労力を費やした中学生実行委員が、当日のみ参加した人たち（単なる地域行事の消費者）へ深々と頭を下げ、「ありがとうございました」と感謝の意を示している場面が目に浮かぶ。このような経験をした中学生は、お世話をしてくれた人たちの苦労を思い、感謝の気持ちをあらわせる大人になるだろう。他者の役に立ち、承認されることは大切なことであるが、さらに大切なことは、そこから周囲に向けられる想像力なのだ。

⓭ 地域学校協働という漢方薬による
学校力回復の処方箋
～中学校における実践事例をもとに～

熊谷愼之輔 ● 岡山大学大学院教育学研究科

■ 漢方薬としての地域学校協働と実践事例の意義

　地域学校協働は、いわば"漢方薬"のようなものだ。たしかに、実践事例のエピソードやデータをみると、地域と学校の連携・協働が、まさに漢方薬のようにじっくりと有効に作用して、学校の力が正常な状態に回復してきたのがわかる。さらに、学校の荒れとして表層的にあらわれてきている症状を単に学校が抱える問題として近視眼的にみるのではなく、学校・家庭・地域の全体的なつながりと相互作用のなかで問題を本質的にとらえて改善しようとする点も、漢方薬としての地域学校協働の強みである。それゆえ、実践事例でもみられたように、学校力だけでなく、地域力も回復・改善していったのだろう。もしも実践事例の取り組みが即効性を求めて対症療法的、いうなれば西洋薬からのアプローチ一辺倒だったなら、その効き目が切れると元の状態に戻ってしまい、ここまでの成果を収め得なかったはずである。

　ただし、漢方薬にも遅効性のものが多いという弱みや副作用もあり、西洋薬と比べて優れているというわけではない。そのため、互いの弱みを補い、それぞれの強みを組み合わせるかたちで併用することが有効だと考えられる。

　ここで重要なのは、併用するにしても、漢方薬としての地域学校協働の効能を、特に効き目が出てくる、つまり学校力が回復していく過程に注目して明らかにすることである。しかし、実践事例において指摘されているように、学校改革の実践報告が多々発表されるなか、その活動の端緒や方向性決定の過程に言及したものはあまりない。そのうえ、小学校に比べて地域学校協働の実践自体が少ない中学校の事例は、なおさら貴重なものである。そうした意味でも、

中学校における学校力回復の過程に注目した、この実践事例は示唆的で意義のあるものといえる。そこでここでは、実践事例をもとに、地域学校協働という漢方薬による学校力回復の処方箋を導き出してみたい。

■ ファーストステップは組織づくり

　漢方薬にたとえられる地域学校協働は、効果を実感するまでに時間がかかる。だからこそ、取り組みを意図的・計画的・継続的に推進していくことが肝要となる。だが、その取り組みをみると、学校の管理職やコーディネーター等の個人がキーパーソンになって進めているケースが目立ち、個人の力に依存してしまう傾向も窺える。一般に、優秀で熱心な個人の存在は、事業の立ち上げ期には強みとして働く。しかし一方で、個人の働きに依存しすぎる組織の体質は、事業運営の継続性や安定性にとって弱点につながりやすい。そのため、地域学校協働という漢方薬をじっくりと効果的に服用できるように、連携・協働を推進する組織（チーム）の必要性が大きくクローズアップされてくる。つまり、地域学校協働のファーストステップは「組織づくり」なのである。

　事実、実践事例のなかでも、「教員の異動のたびに方向がぶれるのはよくないと感じ」、「地域の人たちや専門知識をもつ人たち、校区の小学校長や学校支援コーディネーターなど」の考えを取り入れて、「より強固な組織」をつくることの必要性を説いている（87頁）。しかも、示唆に富むのは、そのかたちを「学校や地域の特性に合致したものにデザインできるかが成否の決め手である」（59頁）と指摘している点である。漢方の診療が、病気や症状だけでなく、その人の体質も診て、その人に合った漢方薬を処方していくように、地域学校協働を推進する組織や取り組みにも同じことがいえる。実践事例であげられた三つの中学校も、それぞれに特徴があるため、同じような活動でも実施の母体は異なり、組織の構成も異なっていた。さらに、「ピークを過ぎると形骸化が始まる」（30頁）という指摘も特筆に値する。こうした形骸化やマンネリ化を防ぎつつ、活動を継続・充実させていくには、地域学校協働にかかわる大人たち同士で考えをめぐらせること、つまり「チーム学習」が鍵を握ると考えられる。

■ チーム学習の重要性

　教職員や地域住民、保護者等の地域学校協働にかかわる大人たちのチーム学習として、まず求められるのは、目に見えるデータに基づいた「子どもたちの実態把握」である。子どもの実態を肌感覚でしか知り得なかった地域住民や保護者などがデータをもとに地域の子どもたちの強みや弱み、さらには子どもをめぐる学校・家庭・地域の現況を分析して理解することは、チームとしての学びの出発点であろう。次に、こうした実態把握に基づいて、自分たちは地域の子どもたちに対して義務教育が終わる中学校卒業までにどのような力をつけさせたいのかといった「目指す子ども像（15歳の○○っ子）」を共有することが大事である。すなわち、「ビジョンの共有」であり、コミュニティ・スクールにおける「学校運営協議会（より多くの人たちとの共有が図られる拡大学校運営協議会が望ましい）」や「地域学校協働本部」などの組織が、その場としての役割を果たすことが期待される。さらに、形骸化やマンネリ化を防ぐためには、チームのメンバー同士が「何のために、何をしたいのか」ということを問い続けることによって、共有ビジョンを絶えず検証するとともに、ときには自分たちが築いたビジョンの見直しを図ることも必要である。

　ただし、教職員や地域住民、保護者などの多様で異質なチームのメンバーたちのあいだには乖離やギャップが生じやすく、意見の衝突や対立が起こる場合も少なくないだろう（熊谷，2016）。そのため、多様な思いや違った考えは、嫌悪さらには排除されがちである。しかし、「異なるコミュニティの人びとが出会い、交流し、互いの重なりや共有部分を創出」していく越境的な対話や学びの概念に従えば、「文化的、歴史的に生じた互いの差異を単純に解消すべき悪者とするのではなく、むしろ変化の重要な原動力として生か」していくべきなのである（香川・青山，2015，p. 3）。このように考えると、地域学校協働にかかわる大人たちの違いは「地域学校協働活動」を生み出す原動力であり、多様な思いや違った考えを取り込み、違いを生かして変わっていくからこそ、地域と学校のそれぞれの組織が単独ではなし得なかった、より教育効果の高い成果を共同で生み出すことができる。そうした活動を「地域学校協働活動」ととら

えて推進していくべきだろう。だからといって、「学校支援活動」が不必要というわけではない。連携による「学校支援活動」もこれまで同様に大切である。「学校支援活動」を通して、地域と学校とのあいだに信頼関係が生まれ、その相互信頼が、さらなる「地域学校協働活動」への発展につながっていくからである。

■ 活動の質を高めることがセカンドステップ

　こうしてみると、「地域学校協働活動」へと活動の質を高めていくことが、セカンドステップとして重要だといえる。志水（2005）によると、連携とは「自分たちがもともとやっていることを変えずに協力関係をもつ」というスタンスなのに対して、協働では「共同作業によって新しい人間関係や教育的活動をつくっていくことを通じて、お互いが変わっていく」という側面が重要視される。つまり、「静的な連携」から「動的な協働」へと発展していくには "変容" が必要となる。その際の変容も、互いの違いを認め、その違いを生かしながら変わっていくという過程が大切である。実践事例をみても、試行錯誤の過程で取り組みを通して大人たちが変わっていったことがわかるだろう。

　とはいえ、"変容" を強調すると、ついつい現状否定からスタートしてしまいそうになるが、足元をしっかりと見直す、すなわち、「これまでの取り組みの棚卸し」として総点検を行うことから取り組むべきだ。ここで、続けるべきものとそうでないもの、さらには学校や家庭、地域のそれぞれが担うべきもの、協働して担うものなどの仕分けを行う。そのうえで、目指す子ども像のために必要な「地域学校協働活動」を、チームでの学び合いのなかで創り出し、組織でPDCA（Plan-Do-Check-Act）のサイクルを回していってほしい。こうしたサイクルのなかでチーム学習の活性化を図り、活動を創出していくには、中学生の存在が有効であることも実践事例から示唆された。事例に登場する地域の人たちとの「座談会」（68-70頁）は、中学生にとってのメリットとしてあげられていたが、彼・彼女らの存在はむしろ地域の大人たちにとって刺激となったはずである。さらに、盆踊り会復活の実践報告（88-90頁）にみられた、地域で

の「中学生に失敗させたくない」という思いの共有が、学校力の回復だけでなく、「学校を核とした地域づくり」につながった点にも同じことがいえるだろう。もう少しいうと、中学生を"縁"にした学校づくりと地域づくりの好循環である。ここで、問題を抱えて支援の対象となっていたはずの中学生が、地域活性化の起爆剤へと変化してきている点を見落としてはならない。繰り返しになるが、このように問題を近視眼的ではなく、学校・家庭・地域の全体的なつながりと相互作用のなかでとらえて改善しようとする点が、漢方薬としての地域学校協働の強みである。漢方では、からだ全体の状態をつかみ処方を決定することを「証をみる」という。

　それでは、中学校（中学生）に引きつけて証をみた場合、何が有効であろうか。その答えは、実践事例で実証された「地域での社会貢献活動」に他ならない。地域で中学生に「出番・役割・立場」をつくり、彼・彼女らを軸に「あてにする－あてにされる」という関係（増山，2015）をいかに構築するかが、地域学校協働という漢方（東洋医学）の腕の見せどころだろう。

■ 処方箋のさらなる改善に向けて

　全国的にみて、連携による「学校支援活動」は小学校における受け入れやすさに比べ、中学校では概して積極的なものとはいえなかった。まわりの大人たちも、中学生に対して身構えてしまい、どのような支援をすればよいのかと尻込みしていたせいもあろう。実践事例はその答えも示してくれた。支援重視の小学校から、中学校では、大人と一緒に取り組む協働活動や、中学生の自己肯定感を高める「地域での社会貢献活動」へと重点を移していけばよいのだ。このようにとらえて取り組むと、実践事例が指摘するように、「中学生は、実行力の大きさや保護者や地域との結びつきの強さ、地域への愛情において、他の校種をしのぐ面」があり、地域学校協働における「中学校がもつ可能性の大きさ」を実感することができるだろう。

　最後に、処方箋のさらなる改善に向けて、二点ほど指摘しておきたい。実践事例をみると、支援されるかたちで事業が始まり、しばらくすると中学生たち

が地域に出て社会貢献活動を始めていったようである。たとえば、「地域から社会の一員として受け入れられるようになった中学生たち」が、「地域に関心をもち、さらに地域に貢献したいと考えるようになったのは興味深い」（98頁）とある。その通りだと思う反面、いささか楽観的で予定調和的な過程なのではと気になったのが、一点目の指摘である。この望ましい過程を中学生たちが学び、振り返りながら、進んでいくには、どのような仕掛けや支援が必要なのかの解明が待たれる。

　もう一点は、学校の「教育課程」との関連である。教育課程とリンクすれば、中学校での社会貢献活動を単なる一過性のイベントに留めず、学校での学習と現実の生活との「統合」が可能になる。「社会に開かれた教育課程」を標榜し、中学校を舞台にした学校づくりと地域づくりの好循環を促すには、地域学校協働という漢方薬を教育課程と関連づけ、小中連携による長期的な戦略のもと計画的な服用が有効であり、そのための処方のあり方も検討していく必要があるだろう。

引用・参考文献

香川秀太・青山征彦（編）(2015).　越境する対話と学び——異質な人・組織・コミュニティをつなぐ——　新曜社

熊谷愼之輔 (2016).　地域連携からみた「チーム学校」,　教育と医学, *757*,　468-474.

熊谷愼之輔・志々田まなみ・佐々木保孝・天野かおり (2021).　地域学校協働のデザインとマネジメント　学文社

増山　均 (2015).　学童保育と子どもの放課後　新日本出版社

志水宏吉 (2005).　学力を育てる　岩波書店

終章　地域と学校、協働の成果からさらなる可能性へ

平田俊治

　第１部の実践を読み専門家のみなさんに第２部を執筆していただいた。「なるほどな」とか、「そういった見方もあるのか」と感心することが数多くあった。いろいろな人の考えを知り、「子どもたち、特に家庭教育環境の厳しい子どもたちにとって、人と人とのつながりは大切なものであり、地域との連携や協働は教育を行ううえで欠くことができないものである」という今までの自分の推論が確信に変わった。ここでは、さらに気づいた点や応えたいことについて述べたい。内容を引用させていただいた箇所もあるが、万が一齟齬があっても「浅学の輩の言である」と、ご容赦願いたい。

社会貢献活動の展開が学校を生徒の新しい居場所にする

　11年間にわたる学校と地域の連携・協働活動について、大学院に通いながら整理してきた。学校支援地域本部を設立するとどうして学校が落ち着きを取り戻すのか、それが私の最大の関心事だった。それを明らかにするために、生徒の学校への適応状態（大久保, 2005）について検討してみた。これは、「居心地の良さ」「課題・目的の存在」「被信頼感・受容感」「劣等感の無さ」の四つの因子からなり、５件法で問うものである。

　小学校での学習支援活動ボランティアの話が持ち上がり、もちろん全校生徒に声をかけたのだが、特に３年生の学力・学習状況調査下位３分の１にあたる37名の生徒には個別に「参加しないか」と声をかけた。その生徒たちの活動後の学校への適応感を比べてみた。参加した生徒は、参加しなかった生徒に比べて「居心地の良さ」や「被信頼感・受容感」が向上していた。ところが、同じ年に実施した盆踊り会の実行委員とそれ以外の生徒の学校への適応感を比べ

てみると差は認められなかった。そこで、この調査とは別に継続して実施している学校満足度調査で「自分に良いところがある」の問いに対する回答（4件法）の平均を3年間にわたって求めてみると、1年生後期では実行委員2.529に対して実行委員以外は3.165と、1年後に盆踊り会実行委員に立候補することになる生徒たちの平均値はかなり低かった。つまり、盆踊り会実行委員たちは、盆踊り会を復活するという経験を通してようやく他の生徒と同じレベルまで自己肯定感を回復したことになる。さらに着目したいのは、3学年を担当している先生たちに、「どんな生徒が盆踊り会実行委員に立候補しているのですか」と問うと、「ごく普通の生徒が多いです」という答えが返ってきたことだ。

　勉強が苦手な生徒は、小学校での学習支援活動に参加することで学校への適応感が向上する。部活動に励む生徒は、その活躍で注目される。しかし、勉強や部活動、生徒会活動などで活躍することがなかった「ごく普通の生徒」たちは、盆踊り会実行委員に立候補するまで、自分に自信をもてずにいたことを意味している。あるいは、自分が自信をもてることを探していて、盆踊り会ボランティアの募集があったとき、「これだ」と立候補したのかもしれない。勉強ができることや部活動ができること、生徒会や体育会などで活躍すること、いろいろな価値観が学校にはあるが、そうした才能に恵まれている生徒はそう多くない。ところが、ボランティア活動や地域貢献活動が学校の価値観のひとつに加わると、対象になる生徒数は格段に増え、そのことで学校の居心地や被信頼感・受容感などが向上し、学校を自分の居場所とさらに深く感じることができることを意味している。

　小学校での学習支援活動に参加した生徒たちや盆踊り会を復活させた実行委員たちの変容からは、学校が多様な価値観をもつことが「普通」の生徒にとって重要な意味をもつことを物語っている。地域との連携・協働における普通の生徒のかかわりに関する岡田氏の疑問（138-139頁）や、中学生は自分たちが社会のなかで役に立っている存在であるという実感を欲しているという松嶋氏の指摘（159頁）、さらには中学生が社会貢献に至る過程への熊谷氏の疑問（199-200頁）などの指摘を受けてこのように考察した。

知り合いという関係性が評価をさらに有効なものにする

多くの先生に、地域ボランティアと生徒、教員の関係性について指摘があったことにもその意を強くした。私が最も気を配ったのがこの関係性である。「相手を知ることは、穏やかな関係、ある種の寛容さを生み出す」との加藤氏の指摘（115頁）やボランティアヘルパーに関する飯田氏の説明（121-122頁）にあるように、関係性は重要な要素である。以前、学習支援活動に初めて参加され「こんなやり方で成果はどれくらい上がっているのか」と尋ねた方がいた。有名大学出身で一流企業を退職された方だという。「とりあえず、しっかり生徒と話をしてやってください。生徒たちはつながりを求めているのです」とお願いした。しかし、残念なことに学習支援活動で彼の姿を拝見することはしだいに減り、やがてなくなった。彼がもし1年間1回も欠かさず学習支援活動に参加し、われわれと同じ目線に立っていただけたら、生徒たちや私たちも別の対応をしたかもしれない。しかし、その人は顔見知りになる前に去ってしまい、生徒たちは彼を受け入れるチャンスを失ってしまった。顔見知りになれば、たとえそれが叱責であっても道理さえ通っていれば生徒たちは納得する。反対に、見たこともない大人にいきなり注意されると、たとえ正論であっても受け入れることはない。地域との連携・協働はこうした相手を理解しようとする関係性を強める作業なのだと知った。

評価し評価されることが継続の原動力

地域との連携、あるいは協働の成果について絶えず評価し結果を発信することは、活動を継続するうえで有効な手段である。評価しその結果を公表することで私たちは絶えず変化を意識することができる。実践を止めず変化を続けることは、組織を存続させるうえで欠くことができないことに違いない。自信はなかったが、漠然とそう考えてきた。川俣氏の「変化を止めるな」の論考（166頁）にその意を強くした。「家庭のさまざまな格差であったり、それぞれの社会関係のなかには多様な葛藤や違いが存在する。だからこそ、手を取り合えるところから、手を取り合い、生徒の姿の変容に触れることで、学校教育へ

の参画者や理解者を増大させる」という白松氏の指摘（181頁）に今までの苦労を思い出し、強く胸を打たれた。私たちは固定化しようとする行事や取り組みを回避するためどれほどの時間を費やしただろうか。葛藤や違いを乗り越えるためどれほど話し合いをしてきただろうか。みなさんから指摘いただき今までの実践のなかから思い出すものが数多くあった。今また、「社会に開かれた教育課程」のスローガンのもと、地域との連携・協働が教育課程に組み込まれ、固定化・強制的参画が始まろうとしている。こうした流れに、今までの「地域との連携・協働」が耐えて、硬直化・形骸化から免れることができるだろうか、危惧するところである。

　たくさんの専門家の論考をいただき感じたことは、評価されることの重要さである。自分の実践をさまざまな立場の先生にいろいろな角度から読み解いてもらい、おぼろげな実感であったものが確かな手応えに変わった。評価し評価されることは継続の原動力になることは間違いないだろう。

壁を取り払うことが協働の成果を地域に還元する

　いろいろな論考に元気をいただいた。これが現職にあるときであればさらに大きな効果が得られたに違いない。その点が残念である。勉強不足は私の責任であるが、このような専門家の知見を教育現場に伝える役割はどこが担うべきなのだろうか。目の前の、それこそ生死を分けるような困難を抱えた子どもを何とかしなければ、と焦る教師のミクロの視点と、行政に対して教育制度を提言するためのマクロの視点、双方の視点が必要なことは言うまでもない。たとえば、子どもの貧困や虐待を扱う場合、双方の視点が重要であることは承知している。しかし、最も重要なのはこのふたつの視点を結びつける役割を、どこが担うかということではないだろうか。

　高校教育においても学習指導要領に地域との連携・協働が盛り込まれ、各校で地域学などが実践され、卒業生の地域への還流率などが成果目標として掲げられるようになった。しかし、中学校に対して厳しい家庭教育環境の生徒に対する支援や理解をともに進めようという相談があったことはない。それどころ

か、些細なこと（高校にすれば学校の規律を守るためにやむを得ない処置かもしれないが）が原因で、「学校を辞めた！」と訴えてくる生徒があとをたたない。厳しい家庭教育環境のなか、教員と地域の人々とで支え合い、ようやく希望をもって進学したにもかかわらず、負荷がかかるとすぐに逃避してしまう彼・彼女らの通弊がここでもあらわれてしまう。家庭教育環境の厳しい生徒に高等教育の成果を身につけさせようとするが、義務教育と高校教育、このふたつの教育制度の壁が立ちはだかる。

　地域との連携や協働の成果をさらに地域に還元するためには、こうした壁を取り除く必要がある。そのために、講師の人選に苦労するかもしれないが、教職大学院にこれから管理職を目指す教員を対象にして、こうした壁を取り除く講座を開設してはどうだろうか。

　さて、明るい話題がある。第5章の終わりに（108-109頁）、社会を変えつつあるX中学校卒業生に対する期待を書いたが、この話には後日談がある。2018年、私の町は豪雨による水害に見舞われた。幸い私の家は水没を免れたが、友人の家は浸水した。その復旧作業を手伝うためボランティアとして被災物の集積場にいた。被災物を運ぶトラックの荷台から元気のいい若者のグループが降りてきた。たくさんの被災物を運び込む手際がいい。その若者の一人が、X中学校の学校支援地域本部設立10周年記念研修会でダンスを披露したダンスチームの彼だった。嬉しくなり声をかけた。

　話を聞くと、時間があるときは被災地のボランティアとして活動しているという。「このような災害ボランティアの場で君たちと会えて嬉しい。君たちは私たちの誇りだ」と言うと、「いやあ、困ったときはお互いさまですから。それより、先生とこうした場でまた会えたことが嬉しいです」と言う。地域で支えた外国にルーツをもつ若者が、今度は私たちを支えてくれている。「人間は美しい」と、改めて感じた。

　長年、学校と地域との連携・協働が存続すると、支援される学校から、あるいは地域と協働する学校から育った若者たちが、社会に貢献する若者としてど

んどん成長していることを感じるようになった。学校と地域との連携・協働によってまかれた種がこれからどのような花を咲かせるのか、楽しみにしている。

　11 年間、学校を支援し地域との連携に尽力いただいたボランティアのみなさまやコーディネータのみなさま、教職員のみなさま、さらに地域本部、学校運営協議会のみなさまに深い敬意を覚えるとともに厚く感謝申し上げたい。

引用文献

大久保智生（2005）．青年の学校への適応感とその規定要因——青年用適応感尺度の作成と学校別の検討——　教育心理学研究, 53, 307-319.

おわりに

　学校に過度な期待をかける時代は終わったといっても過言ではない。本書で平田氏が論じているように、学校を含め教育現場は疲弊しており、余裕がない。経済の論理が優先され、教育現場での余裕は失われている。これは現代において教育現場すべてに共通する問題である。現場のことを考えずに改革のための改革を行う国や省庁、何の意味があるのかわからない数値などを騒ぎ立てて教育現場を翻弄するマスコミ、こうしたなかで右往左往する教育現場。少なくとも教育現場に明るい未来は見えてこない。

　では、家庭の教育力に期待するしかないのだろうか。現在の多様な家庭の現状を鑑みると、学校以上に余裕がない困難な家庭も多い。教育どころではない家庭の保護者に何を期待したらいいのだろうか。頭の古い政治家が理想とする古き良き恵まれた家庭の姿は今も存在しているかもしれないが、それがすべてではないし、理想としたところですべての家庭がそこに到達することはあり得ない。さらに、困難な家庭の保護者の一部には、教育について考える余裕がないといってもよい。端から見ると、変わってほしいと思う保護者に周囲の声を聞き、考える余裕はないことから、周囲が少しずつ変わっていくなかで変わることを待つしか手はない。つまり、学校も家庭も地域も変わりたい、変えていこうという思いのある人たちが変わることで場の雰囲気を変えていくしかないのである。

　こうしたことを踏まえると、連携・協働していくなかで学校と地域の変わりたい、変えていこうという思いのある人たちが場の雰囲気を変え、そして周囲へと伝播していくというのが理想であるといえる。つまり、学校もしくは家庭が教育のすべてを引き受けるのではなく、地域も含めて連携・協働するなかで、できる人ができることをやっていくことが重要である。ただし、これは理想であって現実にはまだまだ遠いことは承知している。

学校に過度な期待をかける時代は終わったといえるが、地域にはまだ余力があるともいえる。しかし、地域に過度な期待をかけ、負担を強いていけば確実に地域も疲弊していくだろう。すでにその兆候はあらわれているといっても過言ではない。また、最近、地域ボランティアが学校のニーズでテストの採点をするという話を聞いたが、これらは単なる下請けであり、協働ではない。あえていうならばボランティアという名の搾取である。学校のニーズにすべて応えるのが地域ボランティアの役割では決してないし、教師の働き方改革のためにボランティアがいるわけではない。それならば予算をつけて教師を増やせばいいのであって、地域住民だからできることに意味があるといえる。

　学校に余裕がないから、地域ボランティアが余裕をなくすというのでは本末転倒である。したがって、地域が何でもやるというのではなく、お互いを理解し、お互いの強みを生かしていく必要があるといえる。理想は Win-Win の関係を築くことであろう。現実的には、学校側にとってみれば仕事が増えるともいえ、地域住民にとってはやりたくないことをすることになるかもしれない。だからこそ、活動の意義を学校と地域がともに考え、共有し、その地域にあったやり方を模索していく必要がある。

　ここまで勢いに任せて述べてきたが、学校と地域の協働に課題は山積している。それでもやりようによっては希望があることを平田氏の実践は伝えているのではないだろうか。そのことを読んだ人の多くが感じるのではないかと思う。本書は2部構成であるが、本書の読み方としては、第1部の平田氏の実践を知ってもらったうえで、第2部の研究者それぞれの解説に触れてもらい、そのうえで、ぜひ再び第1部を読んでいただきたい。そうすることで、最初に読んだ平田氏の実践がさまざまな研究者の解説から多角的に浮かび上がってくるのではないだろうか。少なくとも本書が荒れた学校を力のある校長が立て直したというありがちなハウツー本、自慢話の類ではないことはわかっていただけると思う。

　さて、編者の時岡に誘われ、平田氏と出会い、大久保がかかわるようになってから、12年が経つ。2011年に香川大学に着任した岡田が加わり、これまで

共同で研究を行ってきたが、平田氏の勤務する学校に行くたびに元気をもらってきた。大久保の論考でも述べたが、学校はもちろんのこと地域が「元気になっていく」様子を私たち3人が見させてもらい、我々3人も学校と地域の連携に元気をもらないながら、少しばかりの貢献ができたのではないかと思う。さらに、平田氏から元気をもらいながら、平田氏に元気を与えていたのではないかとも思う。こうした互恵性が学校と地域の協働にはあることからも、やはり学校と地域の協働に望みはあるのではないだろうか。そして、平田氏の実践のなかにそのヒントがあるのではないかと思い、本書を企画した。平田氏の実践の通りにすればよいというのではなく、平田氏の葛藤のプロセスも含めて知ってもらいたいという趣旨で第1部を、それを研究者がどう読み解くのかを知ってもらいたいという趣旨で第2部を着想したが、少し風替わりな、でも面白い本になったと思う。特に第2部を読むことで、実践についてさまざまなとらえ方があることを知ってもらえたのではないだろうか。そうすることで第1部の実践が過度の一般化の呪縛から解き放たれ、新たな意味をもち、新たな可能性を拓くのではないだろうか。

　この少し風変わりなコンセプトの本書が完成することができたのは、2018年の日本教育心理学会のシンポジウムに参加し、面白がってくれた福村出版の宮下氏がいたからである。そして、快く原稿の執筆を引き受けていただいた先生方のおかげである。心より感謝したい。何よりX・Y・Z中学校とそこにかかわったすべての人々に感謝したい。さらに、平田氏と出会わせてくれた時岡の姉でもある福圓氏をはじめ、時岡、平田、岡田、大久保の家族にも感謝したい。我々が自由に活動できるのは、家族の支えのおかげである。本書が学校と地域の協働にかかわる人にとって少しでも活動の指針や参考になれば幸いである。

2021年3月

執筆者を代表して

大久保智生

編者紹介

時岡晴美（ときおかはるみ）
香川大学教育学部教授
専門：生活経営学・生活社会学
主な著作：「地域学校協働活動による主体的な地域づくりの可能性——中学校と地域社会の連携の在り方に関する研究（その5）」（日本建築学会四国支部研究報告集，2020）、『実践をふりかえるための教育心理学——教育心理にまつわる言説を疑う』（ナカニシヤ出版，2011）など。

大久保智生（おおくぼともお）
香川大学教育学部准教授
専門：教育心理学・犯罪心理学
主な著作：『教師として考えつづけるための教育心理学——多角的な視点から学校の現実を考える』（ナカニシヤ出版，2018）、『パーソナリティ心理学ハンドブック』（福村出版，2013）、『万引き防止対策に関する調査と社会的実践——社会で取り組む万引き防止』（ナカニシヤ出版，2013）、『実践をふりかえるための教育心理学——教育心理にまつわる言説を疑う』（ナカニシヤ出版，2011）、『青年の学校適応に関する研究——関係論的アプローチによる検討』（ナカニシヤ出版，2010）、『小学生の生活とこころの発達』（福村出版，2009）など。

岡田　涼（おかだりょう）
香川大学教育学部准教授
専門：教育心理学
主な著作：『自己調整学習の多様な展開——バリー・ジマーマンへのオマージュ』（共訳，福村出版，2019）、『実践的メタ分析入門——戦略的・包括的理解のために』（ナカニシヤ出版，2018）、『自ら学び考える子どもを育てる教育の方法と技術』（北大路書房，2016）、『友だちとのかかわりを促すモチベーション——自律的動機づけからみた友人関係』（北大路書房，2013）、『パーソナリティ心理学ハンドブック』（福村出版，2013）など。

平田俊治（ひらたしゅんじ）
岡山大学理学部物理学科卒業。昭和55（1980）年より岡山県の中学校で理科教師として教壇に立つ。平成15（2003）年より教頭、校長を歴任。元岡山県赤磐市立高陽中学校校長。香川大学大学院教育学研究科修士課程修了。

執筆者紹介（五十音順）

赤木和重（あかぎかずしげ）
神戸大学大学院人間発達環境学研究科准教授
専門：発達心理学
主な著作：『子育てのノロイをほぐしましょう──発達障害の子どもに学ぶ』（日本評論社，2021）、『アメリカの教室に入ってみた──貧困地区の公立学校から超インクルーシブ教育まで』（ひとなる書房，2017）など。

飯田順子（いいだじゅんこ）
筑波大学人間系心理学域准教授
専門：学校心理学・スクールカウンセリング
主な著作：『いじめ予防スキルアップガイド──エビデンスに基づく安心・安全な学校づくりの実践』（金子書房，2021）、『小学生のためのソーシャルスキル・トレーニング──スマホ時代に必要な人間関係の技術』（明治図書出版，2018）など。

加藤弘通（かとうひろみち）
北海道大学大学院教育学研究院准教授
専門：発達心理学
主な著作：『心理学概論──歴史・基礎・応用』（ミネルヴァ書房，2020）、『子どもの発達が気になったらはじめに読む発達心理・発達相談の本』（ナツメ社，2019）、『問題行動と学校の荒れ』（ナカニシヤ出版，2007）など。

川俣智路（かわまたともみち）
北海道教育大学大学院教育学研究科准教授
専門：臨床心理学・教育心理学
主な著作：『革命のヴィゴツキー──もうひとつの「発達の最近接領域」理論』（共訳，新曜社，2020）、『教職課程コアカリキュラム対応版　キーワードで読み解く特別支援教育・障害児保育＆教育相談・生徒指導・キャリア教育』（福村出版，2020）、『移行支援としての高校教育──思春期の発達支援からみた高校教育改革への提言』（福村出版，2012）など。

清國祐二（きよくにゆうじ）
教職員支援機構つくば中央研修センター長
専門：社会教育学・生涯学習論
主な著作：『社会教育経営の基礎』（学文社，2021）、『生涯学習支援論』（ぎょうせい，2020）、『二訂生涯学習概論』（ぎょうせい，2018）など。

熊谷愼之輔（くまがいしんのすけ）
岡山大学大学院教育学研究科教授
専門：社会教育学・生涯学習論
主な著作：『社会教育経営の基礎』（学文社，2021）、『地域学校協働のデザインとマネジメント──コ

ミュニティ・スクールと地域学校協働本部による学びあい・育ちあい』(学文社，2021)、『学校づくりとスクールミドル』(学文社，2012)、『生涯学習社会の構築』(福村出版，2007) など。

東海林麗香 (しょうじれいか)
山梨大学大学院教育学研究科教授
専門：発達心理学・教育心理学
主な著作：「ナラティヴと授業記録から検討する教育実践の質的変容プロセス——教育ニーズの異なる学校への異動を経験した中堅教師の事例から」(山梨大学教育学部紀要，2020)、「教師が学校行事で経験する個と集団のジレンマ——小中学校教師のナラティヴと教師文化に焦点を当てて」(山梨大学教育学部紀要，2019)、『「主観性を科学化する」質的研究法入門——TAEを中心に』(金子書房，2016)、『夫と妻の生涯発達心理学——関係性の危機と成熟』(福村出版，2016) など。

白松　賢 (しらまつさとし)
愛媛大学大学院教育学研究科教授
専門：教育社会学・学級経営・教師教育
主な著作：「解釈学的アプローチによる教師研究の可能性——教職ナラティヴを通じたリアリティ構成に着目して」(教育社会学研究，2019)、『学級経営の教科書』(東洋館出版社，2017) など。

田島充士 (たじまあつし)
東京外国語大学大学院総合国際学研究院准教授
専門：教育心理学・学校心理学・発達心理学
主な著作：『ダイアローグのことばとモノローグのことば——ヤクビンスキー論から読み解くバフチンの対話理論』(福村出版，2019)、『新・発達心理学ハンドブック』(福村出版，2016)『学校インターンシップの科学——大学の学びと現場の実践をつなぐ教育』(ナカニシヤ出版，2016)、『「分かったつもり」のしくみを探る——バフチンおよびヴィゴツキー理論の観点から』(ナカニシヤ出版，2010) など。

平井美佳 (ひらいみか)
横浜市立大学国際教養学部准教授
専門：発達心理学・臨床心理学
主な著作：「「子どもの貧困」についての大学生の認識の深化——テレビ視聴の効果」(発達心理学研究，2019)、「乳幼児にとって必須な養育環境とは何か——市民の素朴信念」(発達心理学研究，2015)、『社会・文化に生きる人間（発達科学ハンドブック5）』(新曜社，2012)、『自己–他者間の葛藤における調整——"個人主義・集団主義"概念の再検討』(風間書房，2006) など。

松嶋秀明 (まつしまひであき)
滋賀県立大学人間文化学部教授
専門：臨床心理学
主な著作：『少年の「問題」／「問題」の少年——逸脱する少年が幸せになるということ』(新曜社，2019)、Educating Adolescents Around the Globe: Becoming Who You Are in a World Full of Expectations (Springer, 2020)、『リジリアンスを育てよう——危機にある若者たちとの対話を進める6つの戦略』(共訳，金剛出版，2015) など。

地域と協働する学校
——中学校の実践から読み解く思春期の子どもと地域の大人のかかわり

2021 年 4 月 10 日　　初版第 1 刷発行

編著者　時岡晴美
　　　　大久保智生
　　　　岡田　涼
　　　　平田俊治
発行者　宮下基幸
発行所　福村出版株式会社
〒 113-0034　東京都文京区湯島 2-14-11
　　　　　　電話　03-5812-9702　FAX　03-5812-9705
　　　　　　https://www.fukumura.co.jp
印　刷　株式会社文化カラー印刷
製　本　協栄製本株式会社

福村出版◆好評図書

小野善郎・保坂 亨 編著

移行支援としての高校教育
●思春期の発達支援からみた高校教育改革への提言

◎3,500円　　　ISBN978-4-571-10161-8　C3037

思春期・青年期から成人への移行期を発達精神病理学的に理解し，移行支援としての高校教育を考察する。

小野善郎・保坂 亨 編著

続・移行支援としての高校教育
●大人への移行に向けた「学び」のプロセス

◎3,500円　　　ISBN978-4-571-10176-2　C3037

子どもから大人への移行期にあたる高校生の「学び」に着目。何をどう学ぶのか，高校教育の本質を考える。

小野善郎 著

思春期の育ちと高校教育
●なぜみんな高校へ行くんだろう？

◎1,600円　　　ISBN978-4-571-10182-3　C0037

思春期の子育てに必要不可欠な「居場所」とは何か。情熱に満ちた理論で子どもたちの未来を明るく照らす一冊！

小野善郎 著

思 春 期 を 生 き る
●高校生，迷っていい，悩んでいい，不安でいい

◎1,600円　　　ISBN978-4-571-23060-8　C0011

迷い，悩み，不安のたえない思春期をどう乗り切る？　中高生と親たちに贈る，大人への道を進むためのガイド。

小野善郎 著

思春期の子どもと親の関係性
●愛着が導く子育てのゴール

◎1,600円　　　ISBN978-4-571-24060-7　C0011

友だち関係にのめり込みやすい思春期の子育てにこそ，親への「愛着」が重要であることをやさしく解説。

小野善郎 著

思春期の謎めいた
生態の理解と育ちの支援
●心配ごと・困りごとから支援ニーズへの展開―親・大人にできること

◎1,600円　　　ISBN978-4-571-24086-7　C0011

親や学校の先生など，ふつうの大人が，思春期をどのように理解し見守り，どんな支援ができるのかを考える。

北川聡子・小野善郎 編

子育ての村ができた！
発達支援，家族支援，共に生きるために
●向き合って，寄り添って，むぎのこ37年の軌跡

◎1,800円　　　ISBN978-4-571-42075-7　C3036

障害や困り感のある子どもと家族をどう支えるのか，むぎのこ式子育て支援の実践からこれからの福祉を考える。

◎価格は本体価格です。